中华古村落

贵州卷

顾问 陈志华
主编 李秋香 李玉祥
吴正光 娄清 著

江蘇鳳凰教育出版社
Phoenix Education Publishing, Ltd

顾　问

陈志华

主　编

李秋香

李玉祥

编　委（按照姓氏笔画排序）

王瑞书

李玉祥

李秋香

吴　宁

吴正光

陆　琦

陈志华

周　晨

顾华明

戴志坚

主摄影

李玉祥

总序

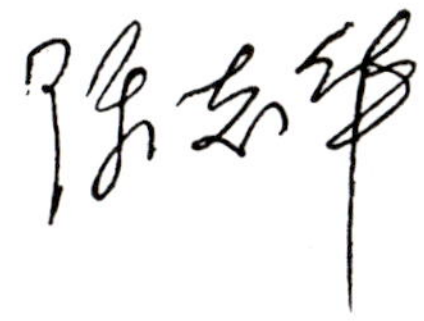

中国有着非常漫长的自然农业历史，传统的中华文明，基本上是农业文明。农业文明的基础是乡村的社会生活。在广阔的乡土社会里，以农民为主，加上小手工业者、小商贩、在乡知识分子和少数退休还乡的官吏，一起创造了像海洋般深厚瑰丽的乡土文化。比起庙堂文化、士大夫文化和市井文化来，乡土文化是绝大多数人创造的文化，为绝大多数人服务。乡土文化依赖于土地，是一种地域性文化，它不像庙堂文化、士大夫文化和市井文化那样有强烈的趋同性，它千变万化，更丰富多彩，是中华民族文化遗产中还没有被充分开发的宝藏。没有乡土文化的中国文化史是残缺不全的，不研究乡土文化就不能真正了解我们这个民族。

乡土建筑是乡土生活的舞台和物质环境，它是乡土文化最普遍存在的、信息含量最大的组成部分。它的综合度最高，紧密联系着许多其他乡土文化要素，甚或是它们的重要载体。不研究乡土建筑就不能完整地认识乡土文化，甚至可以说，乡土建筑研究是乡土文化系统研究的基础。

乡土建筑当然也是中国传统建筑最朴实、最率真、最生活化、最富有人情味的一部分，不仅有很高的历史文化价值，对建筑工作者来说，还可能有一些直接的借鉴价值。没有乡土建筑的中国建筑史是残缺不全的。

有一个漫长的历史时期，中国的经济、文化中心在农村。农村里建筑品类之多样胜过一般的城市，连书院、藏书楼、寺庙也大多在农村，更不必提路亭、磨坊、水碓、畜舍之类的了。雕梁画栋、琐窗朱户也并不次于城里。但是，乡土建筑优秀遗产的价值还远远没有被正确而充分地认识。一个物种的灭绝是巨大的损失，一种文化的灭绝岂不是更大的损失？大熊猫、金丝猴的保护已经是全人类关注的大事，我们的乡土建筑却正在以极快的速度、极大的规模被破坏着，我们正无可奈何地失去它们。

我们无力回天，但我们决心用全部的精力立即抢救性地做些乡土建筑的研究工作。

我们的乡土建筑研究从聚落下手。这是因为，绝大多数的乡民生活在特定的封建宗法制的社区中，所以，乡土建筑的基本存在方式是形成聚落。作为与乡民们社会生活的各个侧面相对应的物质条件，聚落中的乡土建筑包含着许多种类，有居住建筑，有礼制建筑，有寺庙建筑，有商业建筑，有公益建筑，也有文教建筑，等等。当然更有农业、手工业所必须的建筑，例如磨坊、水碓、染坊、畜舍、粮仓之类。几乎每一类建筑都构成一个或大或小的系统。例如宗庙，有总祠、房祠、支祠、香火堂和祖屋；例如文教建筑，有家塾、义塾、书院、文昌（奎星）阁、文峰塔、进士牌楼、功名桅杆、戏台；生产性建筑则有陶瓷窑、抄纸作坊、竹木店、染坊、铁匠铺、油榨坊等等。这些建筑系统在聚落中形成一个有机的大系统，这个大系统规定着聚落的结构，使它成为功能完备的整体，满足一定社会历史条件下乡民们物质的和精神的生活需求，以及社会的制度性需求。打个比方，聚落好像物质的分子，分子是具备了某种物质的全部性质的最小的单元，聚落就是社会的这种最小单元。我们以完整的聚落作为研究乡土建筑的对象。这个研究目标本身规定了研究的基本方法，即以田野调查为主，结合文献考查。

乡土生活赋予乡土建筑丰富的文化内涵，我们力求把乡土建筑与乡土生活联系起来研究，因此便是把乡土建筑当作乡土文化的基本部分来研究。聚落的建筑大系统是一个有机整体，我们力求把研究的重点放在聚落的整体上，放在各种建筑与整体的关系及它们之间的相互关系上，放在聚落整体及它们的各个部分与自然环境和历史环境的关系上。乡土文化不是孤立的，它参与形成庙堂文化、士大夫文化、市井文化的共同基础，和它们都有千丝万缕的关系。乡土生活不是完全封闭的，它与一个历史时代整个社会的各个生活领域也有千丝万缕的关系。我们力求在这些关系中研究乡土建筑。例如，明代初年“九边”的乡土建筑随军事形势的张弛而变化，明代末年江南和晋中的乡土建筑随着商品经济的发展而有很大的变化等等。聚落是在比较长的时期里定型的，这个发展过程蕴含着丰富的历史文化内容，我们也希望有足够的资料可以让我们对聚落做动态的研究。总之，我们的研究方法综合了建筑学的、历史学的、民俗学的、社会学的、文化人类学的各种方法。方法的综合性是由乡土社会和建筑固有的复杂性与外部联系的多方位性决定的。

因为我们的研究是抢救性的，所以我们不选已经名闻天下的聚落作为研究课题，而去发掘一些默默无闻但很有历史价值的聚落。这样的选题很难：聚落要发育得成熟一些，建筑类型比较完全，建筑质量好，有家谱、碑铭之类的文献资料。当然聚落最好还保存得相当完整，老的没有太大的损坏，新的又没有太多的增加。从系列化的研究来说，更希望聚落在各个层次上都有类型性的变化：有纯农业村，有手工业村，有从农业向商业、手工业转化的村；有窑洞村，有雕梁画栋的村；有山头村，有河边村；有马头墙参差的，也有吊脚楼错落的；还有不同地区不同民族的，等等。这样才能一步步接近中国乡土建筑的全貌，虽然这个路程非常漫长。选题的时候，要区分各个层次上的类别和性质，我们使用了细致的比较法，就是要找出各个聚落的特征性因子，这些因子相互之间要有可比性，要在聚落内部有特殊性，要在类型之间或类型内部有普遍性。我们不仅尽可能选取不同的角度和重点，还力求写出每个聚落的特殊性，而不是去把它纳入一般化的模子里。只有写出每个题材的特殊性，才能多少写出一点点中国乡土建筑的丰富性和多样性。所以，挖掘题材的特殊性，是我们着手研究的切入点，必须下比较大的工夫。类型性和个体性的挖掘，也都要靠细致运用比较的方法。

虽然我们只能从汪洋大海中取得一勺水，这勺水毕竟带着海洋的全部滋味。希望我们的书能够引起读者们对乡土建筑的兴趣，有更多的人乐于来研究它们，进而能有选择地保护其中最有价值的一部分，使它们免被彻底毁灭。

2013 年夏日

目录

概述

贵州是个多民族的省份，主要有苗族、布依族、侗族、土家族、彝族、仡佬族、水族等17个少数民族。其中布依族、仡佬族、水族人口均占国内本民族人口总数的90%以上，苗族、侗族人口占国内本民族人口总数的一半。由3个自治州、11个自治县、252个民族乡构成的民族区域自治地方，约占全省面积的68%，少数民族人口约占全省总人口的38%。民族的多样性，使贵州古村落呈现出绚丽多彩的文化特征。

一、自然地理环境

贵州是个大山区，高原、山地、丘陵占贵州省总面积的90%以上，盆地及河谷阶地仅占3%。地势总体为东西三级阶梯，南北两面斜坡。以西部的乌蒙山、西南部的老王山、中部的苗岭、北部的大娄山和东北部的武陵山等山脉，构成贵州地形骨架。喀斯特地貌发育典型，约占全省总面积的62%。全省属亚热带湿润季风气候，雨量充沛，林木葱郁，为人类的生息繁衍提供了得天独厚的自然条件。从前，在贵州有“天无三日晴，地无三里平”的说法，多含贬义。其实，有山、有水、有河流，恰恰是贵州的天然优势。即便在喀斯特山区，贵州各族人民也能因地制宜，顽强生存，创造文化。

喀斯特，即岩溶地貌，指的是岩石裸露的地方。世界许多喀斯特地区都缺乏水源和植被，而贵州的“荔波喀斯特”则以森林为基础，把千姿百态的山水景观、独具特色的地貌景观、神奇茂密的原生态植被，自然组合在一起，形成集青山、绿水、溶洞、森林、湖泊、瀑布、奇石、古树于一身的美丽景区。区内90%的人口是少数民族。水族、瑶族、苗族、布依族的村民，生息繁衍在“荔波喀斯特”保护区内。他们纯朴善良，热爱自然，善待自然，崇拜自然，将高山视为“神山”，将流水视为“神水”，将岩洞视为“神洞”，将古树视为“神树”。逢年过节，或遇不测，村民们就虔诚祭祀“山神”“水神”“洞神”“树神”。少数民族的村民尤其对树情有独钟，制定乡规民约，保护天然森林，踊跃植树造林，将珍惜树木、钟爱树木、敬畏树木、崇拜树木作为文化遗产世代传承。各族人民在历史长河中创造文化，使自然遗产与文化遗产协调发展，相映生辉。在“荔波喀斯特”保护区内，许多水族村民在平地上修建干栏式住房，先用粗大的木柱和厚实的木板，构筑一个一人多高的平台，然后再于其上修建一层平房或二层楼房。底层立柱与上层立柱互不连通，是两个建筑

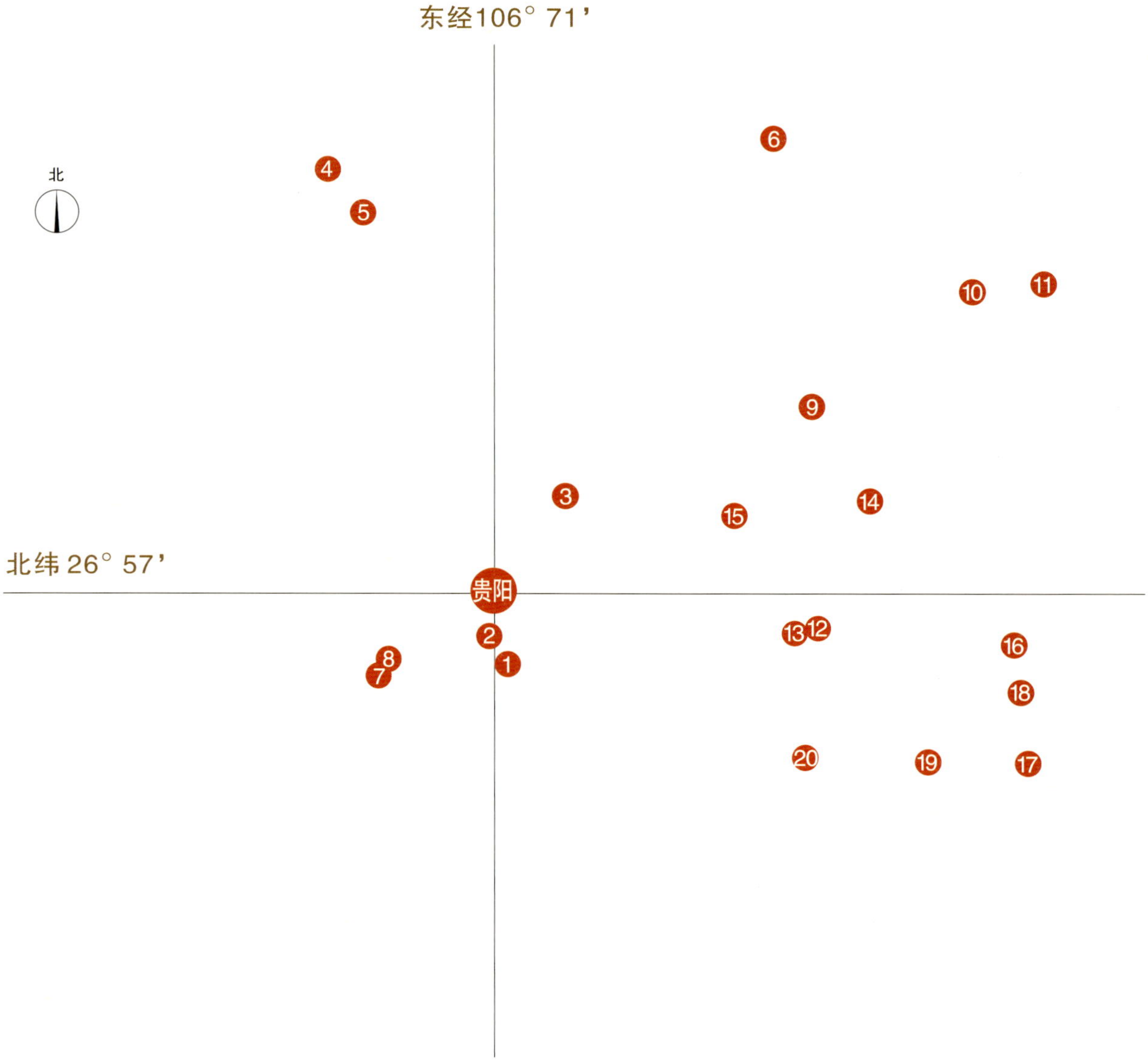

本书所收录贵州省古村落分布示意图

① 贵阳市花溪区青岩镇
② 贵阳市花溪区石板镇镇山村
③ 贵阳市开阳县禾丰布依族苗族乡马头村马头寨
④ 遵义市赤水市丙安镇丙安场
⑤ 遵义市习水县土城镇
⑥ 遵义市务川仡佬族苗族自治县大坪街道龙潭村
⑦ 安顺市西秀区七眼桥镇云山屯
⑧ 安顺市西秀区大西桥镇鲍屯村
⑨ 铜仁市石阡县国荣乡楼上村
⑩ 铜仁市松桃苗族自治县寨英镇
⑪ 铜仁市松桃苗族自治县正大乡薅菜村新寨
⑫ 黔东南苗族侗族自治州雷山县西江寨
⑬ 黔东南苗族侗族自治州雷山县郎德镇郎德上寨
⑭ 黔东南苗族侗族自治州镇远县㵲阳镇镇远古城
⑮ 黔东南苗族侗族自治州黄平县旧州镇
⑯ 黔东南苗族侗族自治州锦屏县隆里村
⑰ 黔东南苗族侗族自治州黎平县肇兴镇肇兴村
⑱ 黔东南苗族侗族自治州黎平县德凤镇
⑲ 黔东南苗族侗族自治州从江县往洞镇增冲村
⑳ 黔南布依族苗族自治州三都水族自治县都江镇怎雷村

⊙兴义万峰林（李贵云 摄）

实体，地地道道的“干栏建筑”，其历史源流可上溯到六七千年前的河姆渡遗址。生活在“荔波喀斯特”保护区内的“白裤瑶”同胞，贮粮方式十分特别。池塘边、水田上，星罗棋布地建着许多茅草攒尖顶或歇山青瓦顶的粮仓。这种仓库具有许多优点：一是它建在池塘边、水田上，且同住房保持较大的距离，有利于防火；二是粮食存放在离地一人多高的仓楼上，有利于防潮；三是瑶山夏天气温较高，村民常在仓下歇凉，粮仓兼具凉亭功能；四是每根立柱上部，都安装有防鼠装置，或为一个鼓形坛子，或为一块方形木板，装置虽然非常简易，效果却相当的好。这种形制的粮仓具有悠久的历史。广州市博物馆有件汉代陶仓模型，形状与瑶族粮仓如出一辙，这说明它们都与中华民族的传统文化是一脉相承的。

⊙荔波瑶寨谷仓

⊙粮仓

西江苗寨（陈卫中　摄）

“荔波喀斯特”，森林茂密，溪流纵横，不乏“小桥流水人家”之美景。闻名于世的“大七孔景区”“小七孔景区”，得名于两座均为七孔的石拱桥。“小七孔桥”，横跨响水河，桥头立有建桥功德碑，碑额楷书阴刻“万古奥桥”。碑文记载修桥缘由、施工经过及捐资人姓名，立于清道光五年（1825）。“大七孔桥”横跨“打命河”，始建于清道光二十七年（1847），三十年（1850）告竣，命名“万善桥”，后被洪水冲垮。光绪三年（1877）维修，十年（1884）告竣，更名“双溪桥”，也是七孔，因其比“小七孔桥”长，故称“大七孔桥”。桥头立碑，碑额阴刻“双溪桥序”，碑文记载：“道光三十年，里人修成石桥七洞，穹窿跨溪，费五千余金，行路者便之。去岁因暴雨，溪水泛滥，波涛汹涌，桥之第四洞崩其大半，于

⊙荔波小七孔桥

布依族聚落石板寨

㵲阳河畔的万寿宫

⊙贵州布依族民居

光绪三年二月鸠工，经营数载，甲申年落成，共费五百七十千文。”瑶族、布依族村民的生产、生活离不开桥，在村民们心目中，桥梁是具有灵性的。《小七孔桥的传说》中称，神仙帮助瑶族姑娘“冬姣”架设七彩花桥，让其与为爱情牺牲的布依族后生“王梦之”相会，由此促成瑶族、布依族两族村民于清道光五年（1825）修建“小七孔桥”。村民们战胜洪水，建成拱桥，皆大欢喜，对神感恩戴德。如果难以战胜水害，人们还有一个办法，即与兴风作浪的“水怪”亲近，甚至同它联姻。《大七孔桥的传说》中用的正是此招：土司的七姑娘，为实现架桥愿望，嫁给化装成大蟒的雷神之子，如愿以偿地在响水河上建成了一座“七彩石桥”，即“大七孔桥”。桥梁与繁衍结缘，寓意无比深刻。我们从中可以看到，特殊的自然地理环境，为贵州各族人民创造别具一格的村落文化，提供了特殊舞台。

二、村落历史流年

贵州溶洞，不计其数，为古人类的生存提供了条件。早在旧石器时代早期，贵州已有人类活动。新石器时代已有房屋建筑，如六枝老坡底新石器时代遗址上的房屋遗迹，略呈正方形，屋中有火塘，是贵州迄今发现的时代最早的古建筑遗址。进入青铜时代，建筑有了新的发展，在商周时期的毕节青场遗址，考古学家发现房屋遗迹。战国至西汉的赫章可乐遗址，出土大量板瓦、筒瓦，以及装饰有牛车人物图案及铭文的青砖，这表明曾有相当可观的大型房屋建筑存在过。三国至元的贵州古建筑，大多仅存遗址，但也能从中看出当时建筑的气势不凡且种类繁多。明清时代的古建筑，种类更加丰富，诸如城墙、屯堡、营盘、衙署、文庙、武庙、佛寺、道观、书院、考棚、祠堂、会馆、民宅、桥梁、宝塔、牌坊、堤

⊙黎平肇兴鼓楼群

堰等等，极具地方特点。贵州许多汉族居民，是明清时代社会安定时期从事经商活动时迁居贵州的。因此，外地工商行帮“同乡会”修建的各省会馆相当普遍。迄今保留有江西会馆40多座，湖广会馆30多座，四川会馆10多座，福建会馆10多座。江西会馆为数最多。

于元明清时期形成的古村落，尤其是少数民族村寨，是贵州最具地方特点和民族特色的古村落。花溪镇山村、开阳马头寨、务川龙潭村、松桃寨英、松桃新寨、雷山西江镇、雷山郎德上寨、黎平肇兴村、黎平德凤镇、从江增冲村、三都怎雷村等，历史悠久，古迹众多，环境优美，原有风貌保存完好，是古村落的典型，已分别被冠以全国重点文物保护单位、国家历史文化名城、国家历史文化名镇、国家历史文化名村、省级文物保护单位、省级历史文化名镇的名号，重点加以保护。花溪镇山村，是以布依族为主的自然村寨，形成于明末，是军人与当地人、汉族与布依族交相融合的典范，是苗族、汉族、布依族和睦相处的象征。开阳马头寨，是个布依族“土司官寨”，形成于元明时期。务川龙潭村，附近盛产朱砂，明代相当出名。松桃寨英，苗族村寨，始建于明初，完善于清末，先是军需转运处，后为物资集散地。松桃新寨，苗族村寨，明代曾出现过“苗王”。雷山西江，是苗族大寨，有村民千户，号称“千户苗寨”，于明清时代，已很有名，村中曾设“鸡讲长官司”。雷山郎德上寨，形成于元末明初，繁衍了20多代，在清咸丰、同治年间出现反清英雄“平杨王”。黎平肇兴村，是侗族大寨，习称“千家肇洞”，号称“天下第一侗寨”，形成于明，昌盛于清，村中拥有5座鼓楼。黎平德凤镇，是从侗族村寨发展起来的集镇，是明代抗清英雄何腾蛟的故乡。从江增冲村，侗族自然村寨，形成于明代，清初很富庶，留下许多历史陈迹。三都怎雷村，何时形成村寨没有明确记载，但村边有数十座清代的墓葬，根据墓碑上镌刻的汉字、水书可推测，其

⊙依山势修建的吊脚楼

村寨历史至少可上溯到清乾隆初年，距今300年左右。

三、地域建筑特点

⊙吊脚楼上的美人靠

贵州古村落，不同地区，不同民族，甚至同一民族的不同支系，建筑风格都各具特色，不尽相同，尤以苗岭山区最具代表性，其主要建筑特点是吊脚楼、美人靠。吊脚木楼，架构凌空，虚实结合，飘洒轻盈，稳重和谐。在苗岭山区旅行，只要看到吊脚楼上安装有美人靠，那一定是苗族民居无疑。苗寨房屋装修的民族特点还表现在木地板、木板壁上。在苗岭山区的苗族村民居住的吊脚楼楼上，使用既宽大又厚实的木板作楼板，甚至用木枋子作为楼板，这是特殊风俗的需要。苗寨为新生孩子“打三朝”，要举办隆重的“喝新娃娃酒”活动。届时，外婆、舅母等人，挑着亲手缝制的衣服、帽子、鞋子、背带、背袋等婴儿用品，兴高采烈前往祝贺，在室内跳芦笙舞，跳板凳舞。“板凳舞”，因两手分别紧握一条小板凳使劲击打为拍而得名。外婆、舅母等客人，酒醉之后，回家之前，抽出屁股下的小板凳，以其为道具，“啪啪”击打，边打边跳，边跳边唱，裙子翻滚飞舞，气氛异常热烈，可说疯狂至极，房屋为之颤抖，声音震荡全寨。

贵州山区，溶洞成群，在石漠化特别严重的“麻山”地区，至今还保留着“洞居”的古老习俗。住在山洞中的苗族村民，也建木房子，用竹篾编织的“笆折”当墙壁，但都没有屋顶，如舞台布景一般。紫云苗族布依族自治县有个山洞很大，洞内居住几十家人，还办有一所学校。贵阳附近的花溪区高坡苗族乡水塘村，有个大溶洞，洞中石笋、石幔、石钟乳，千姿百态，琳琅满目。令人称奇的是，洞口和洞内保存有古人精心设计，精心施工，就地取材，用石头建造的石墙、石门、石屋、石级、石桌、石凳、灶台、粮仓、畜圈等等。石墙、石门极为坚固，墙上还特意砌有巡逻台、射击孔，俨然是座“地下古堡”。堡内房屋、牛圈、粮仓，一直修建到伸手不见五指处。当地苗族村民说，此洞自古有

⊙紫云洞居（高冰 摄）

之，兵荒马乱时，曾用于“躲反”，故称“躲反洞”。据说，这些建筑是明英宗时期苗族起义首领“干把珠”领导的苗族农民起义军为对付官军“围剿”修建的，迄今已有500多年的历史。

布依族，分布地域广，但其共同特点是，大多住在水边，较为集中地分布在苗岭以南的珠江流域。从居住环境看，有水边居、山地居、岩洞居。从房屋外形看，有石板房、茅草房、夯土房、吊脚楼。从房屋结构看，有穿斗式、抬梁式、绑扎式。从墙壁做法看，有石头墙、木头墙、泥土墙、竹子墙。石头墙，有石板镶嵌、石块干砌、卵石垒砌等多种；木头墙，有木板竖向装修的、木枋横向装修的和圆木绑扎等多种形式；泥土墙，有夯筑的，有土坯的，或两者结合使用的；竹子墙，有用毛竹编织的，有用篾条编织的，有用竹席围护的。泥土墙外，有的加抿石灰，或通体全抿，或抿窗户四周；竹子墙上，多半刷有灰浆，灰浆多为稀泥，或为牛粪，或为和有谷壳、稻草、牛粪的稀泥。有的山墙，底部用石头，中部用木板，上部用竹子；或者底部用石头，中部用泥土，上部用竹子、秸秆、茅草之类，既经济实惠，又美观大方。居住在南部山区的独山、三都、荔波一带的布依族村民，大多利用砂土夯筑墙壁。墙壁不承重，只起围护作用，即使墙壁倒塌了，木房子依然屹立，故有“墙倒屋不塌”之语。事实上，用砂土夯筑的墙壁十分坚固，不易倒塌，以至于有些木房子拆走后，用砂土夯筑的墙壁，还能久久伫立于原地。布依族也有“洞居”习俗。300多年前，明代大旅行家徐霞客在独山就曾看到“崖半有洞，门西向，数十家依之”。关于布依族先民“崖洞居”的历史记载，最早见于《隋书·南蛮传》：“南蛮杂

安顺屯堡（李贵云 摄）

⊙吊脚楼栏板上特意开凿的圆形孔洞（吴磊 摄）

⊙鼓楼前的水塘

类……随山洞而居，古先所谓百越是也。”

侗族聚居于贵州省的东南部。南部侗族同胞修建的房屋，多为木结构楼房，楼下作猪牛圈，楼上作起居室。“南侗”民居，楼层出挑，上大下小，“占天不占地”。每层房子楼上都建有“挑廊”，廊上安装栏杆或栏板。栏板上特意开凿圆形孔洞，供看家狗伸头眺望、吠叫，诚为侗族村寨一景。由于楼层出挑，屋檐水滴得很远，有利于保护板壁、柱子和其他木构件，且可利用层层檐口，晾晒衣服和谷物。房前屋后，还可安装石碓、石磨，加工粮食。在竹木掩映的侗族村寨中，面阔五间、高三四层的庞大民居比比皆是。如果家有能歌善舞的“姑娘头”，一些高大宽敞的楼房，自然就成为青年男女谈情说爱、“行歌坐月”的场所，所以又称之为“月堂”。夜幕降临，侗族后生，三三两两，手拉“牛腿琴”，相邀来到“月堂”，与在室内纺纱、织布、绣花、纳鞋垫的姑娘对唱情歌，通宵达旦。有些侗族民居，修建在水塘上，楼上住人，塘中养鱼。家有来客，揭开楼板，鲜鱼伸手可得，饶有风趣。南部侗族村民建房，有个不成文的规定，即围绕鼓楼修建房屋，形同一个巨大的蜘蛛网。每个家庭成员，站在家门口就能看见鼓楼，这是建房起码的要求。

侗族住地，植物茂密，山泉水井，遍地都是。许多侗族村寨修建房屋，讲究“前塘后井”，即房子前面有水塘，房子后面有水井。侗寨的水井，大都用石板砌筑井壁、井面，并且加上井盖，以保护水源。有的还用石板或木料，修建石板“井屋”、木头“井亭”。有的井亭，挂

⊙本寨就地取材，利用天然石块砌墙，石板盖顶

有对联：“坐一会，何分你我；饮几口，各自东西。”凡是水井，都放置有蚌壳、竹筒、水瓢、葫芦等饮水器皿，供路人舀水喝。村民取水，也用水瓢舀，不将水桶直接撺入水井中，以免弄脏了井中水。水井下方，分格建有盥洗池，供村民洗菜、洗衣用。井水往外流，便形成水塘，水塘中养有鱼。有的人家，在鱼塘上搭建竹木架子，既可当作“瓜架”用，又可当作“鱼棚”用，一举两得。

水族聚居于都柳江流域，房子是地地道道的“干栏建筑”，其建筑特点在上文中已有记载，不再赘述。需要补充的是，居住在都柳江流域的水族村民，在坡地上修建干栏建筑的工艺是，先在山坡一面砌出一个相当于屋基另一半的平台，再于平台较低一侧，用木柱、木枋和木板，构筑又一个相当于屋基另一半的平台，使两个平台处于同一水平面上，一起构成整个屋基，然后再于这个屋基之上修建木结构的一层平房或二层楼房。这些水族干栏建筑的坐向，与附近的苗族、瑶族、布依族民居的背山面水的特点有所不同，而是一律从山坡一面砌出的平台进屋，形成“面山背水”“背低面高”的相反坐向。

仡佬族是贵州高原最为古老的民族，有人认为它是古代“夜郎人”的后裔。民谚说：“高山苗，水仲家（布依族的旧称），仡佬住在岩旮旯。”居住在贵州中部的仡佬族村民，其住房与附近的布依族和汉族“屯堡人”大同小异，利用当地出产的岩石做成石磡奠基、石块砌墙、石板盖顶。居住在贵州西北部的仡佬族同胞，房屋多以茅草盖顶，砂土筑墙，这与经济条件和高寒山区为求保持室内温暖、防御冰雹袭击有关。茅草房盖得特别厚实、整齐，屋脊和屋檐相当讲究，檐下收尾处精心编织造型各异的带状结，如同盖瓦屋面的“封檐板”，有很好的艺术装饰效果，被人誉为“贫女巧梳头”。这一带，木材较少，通常只有明间两榀是木构架，次间两榀多为夯土墙代替。木材是白色的，土墙是黄色的，当地称这类房屋为“金包银”。居住在贵州北部的仡佬族同胞，房前屋后竹木葱茏，屋面覆盖小青瓦，四壁安装木板壁。若是土坯墙、夯土墙或者篾条墙、篱笆墙，可粉刷白灰，清爽明快。居住在贵州东北部的仡佬族同胞，酷爱修建干栏式“翘角楼”。栋栋小楼，飞檐翘角，竹木掩映，秀丽迷人。这些仡佬族民居的体量都不太大，但出檐却很深远。秋收时节，家家户户，檐下挂满金灿灿的包谷、红艳艳的辣椒，一派丰收景象。像这样展示一年来的劳动成果，或许就是这种民居所追求的目标之一。民居平面呈曲尺形。正屋四榀三

⊙碉堡式民居特别注重防卫

间，明间有一“吞口”。正屋一侧，加建厢房，小巧玲珑。厢房都是两层，而且多为吊脚楼。底层关牲口，堆柴草，放农具。楼上环以“直栿栏干”，檐下晾晒衣物。飞檐翘角，不仅造型美观，对增加室内采光和室外使用空间也具有重要作用。这种“翘角楼”的封檐板，刷上石灰，分外醒目。逢年过节，门窗、立柱，遍贴对联，耀眼夺目，气氛热烈。

位于国家级风景名胜区——“樟江风景名胜区”内的荔波县瑶麓村，居住着1000多名瑶族同胞，因其爱穿藏青色裤子，被人称为“黑裤瑶”，他们住的是干栏式吊脚楼木房。二楼前半部是宽宽厚厚的楼板，后半部是结结实实的平地。这种民居建筑，既能满足人居楼上、畜关楼下的传统要求，又有上好的防潮、防火等性能，备受瑶族同胞青睐。二楼两次间靠近“吞口”的板壁上，留有一个不甚显眼的小洞，有的一边有，有的两边有。室内顺着板壁铺有一张床，小洞正好位于床头处，这是姑娘的卧室。当地有个风俗，女孩一旦步入少年期，便住进这样的卧室内，透过此洞，躺在床上的姑娘可窥视外边的情形，而外寨前来寻找女友的后生，则利用此洞通报自身的到来。每当月明星稀之际，瑶寨后生手持小棍外出求爱。他用小棍轻轻将姑娘唤醒，要求与其对唱情歌。姑娘若是乐意，起床点灯开门，请其进屋，彻夜细声对唱，家人不予干涉。姑娘若不乐意，只能隔墙对唱，甚至“熟睡”不醒。遇到这种情况，来者不多纠缠，带着小棍，另寻一处就是了。由于墙上小洞具有“谈婚论嫁”功能，故被称为“谈婚洞”。辟有“谈婚洞”的房间因此被人称为“谈婚房”。“谈婚”未必都能成功，当初实属试探性质，因此，有人又将“谈婚房”，称为“探婚房”。

汉族虽然入住贵州较晚，但自明清以来，人口最多。先是“调北征南”，随军“屯守”贵州，是“屯兵”的后裔。之后，来贵州经商，定居贵州，他们多半是江西人。江西人吸收安徽人的建筑艺术，在贵州修建类似皖南民居的“印子屋”。“印子屋”，云南人称为“一颗印”，因其平面投影酷似一颗镌刻篆字的印章而得名。在贵州山区修建合院式建筑，不得不因地制宜，有

⊙镇远仁寿宫天井

所变化。依山就势修建的“印子屋”，因受地形限制，难以整齐划一，故布局较为灵活，有向纵深方向发展的“多进院”建筑，有向横宽方向发展的“多路院”建筑。“印子屋”的大门，为了通往南北走向的巷道，有的朝东南开，有的向西南开。作为军人的后裔，安顺、平坝一带的“屯堡人”，特别注重防御，修建坚固的石头墙。

虽然同是汉族，居住在西部高寒山区与居住在东部炎热地区，其民居建筑却大相径庭：西部房屋低矮，东部高大。西部海拔都在千米以上，夏天凉爽，冬天寒冷。因此，西部房屋低矮，夏天并不闷热，而到了冬天，则比较暖和，只需一个用泥巴做成且不需“炉桥”的煤炉子，燃烧当地出产的无烟煤，室内就很舒服了。威宁、赫章一带，炉子较为矮小，黔西、大方一带，炉子较为高大，围着炉子烤火，人称“威宁、赫章烤腿，黔西、大方烤嘴”，很是形象。东部海拔低，且大多数汉族居民是做生意来到贵州河边集镇的，比较富裕。加上当地盛产木材，易于修建高大木房。为了安全需要，周边修建高过房子的封火砖墙，屋檐水只能往里流，雨水注入天井内，即所谓的“四水归堂”，视为“肥水不流他人田”。实际上，天井日照时间短，气温较低，便于歇凉。加上热气上升，空气对流，凉风丝丝，深宅大院中的天井，起到了调节气温的作用。

四、民族民俗特色

贵州古村落中的公共建筑，是最为耀眼的一类，民族民俗特色尤为突出，比如侗族的鼓楼、花桥、戏楼、凉亭、禾晾；苗族的村寨门、铜鼓坪、芦笙堂、坐花房、妹妹棚等等，各自的民族特点十分鲜明。

⊙鼓楼是侗族村寨最重要的标志性建筑

侗寨鼓楼作为侗族村民共建、共有、共用的集社会、文化、交谊于一体的多功能建筑物，拥有至高无上的地位。从江“增冲鼓楼”建于清康熙十一年（1672），是现存年代最早的侗寨鼓楼。“花桥”即风雨桥，因桥面长廊上遍布彩塑彩画，花团锦簇而得名。鼓楼、花桥集中分布在黎平、从江、榕江一带。侗寨花桥具有自己的特点，不仅是水上交通设施，还有多方面的用途。修在村头的花桥，不仅起着“锁水”“拦龙”“护寨”的作用，还是村民迎来送往、款待宾客唱“拦路歌”、喝“拦路酒”的热闹场所。有些侗寨花桥，在宽敞明亮的桥面长廊中修建鼓楼式亭子，形成鼓楼与花桥结为一体的雄伟建筑物。这类建筑的典型代表，首推跨度最大的黎平地坪花桥。绝大多数鼓楼、花桥建于清代中晚期。贵州潮湿多雨，木结构建筑难以长久保存。火灾及兵燹也是造成上述建筑寿命不长的重要原因。由于鼓楼、花桥是侗族村寨的“旗帜”，标志财富和地位，常因经济条件改善而不断修缮乃至重建。因此，许多鼓楼、花桥维修、重建于“咸同起义”后的光绪初年。侗族的戏楼大多修

⊙黎平地坪风雨桥

⊙侗族地区用于晾晒谷物的“禾晾”（卢现艺 摄）

建在池塘上，台上唱戏，台下养鱼，人欢鱼跃，相映成趣。在百余座侗族戏楼中，黎平县的高进戏楼，规模最大，装饰精美，已被公布为省级文物保护单位。

侗寨的凉亭，是侗族地区最为常见的建筑小品。有修建在桥头的，有修建在路口的，还有修建在古树旁边的。凉亭都是木结构，或者四角攒尖顶，或者六角攒尖顶，或者八角攒尖顶，屋面覆盖小青瓦，小巧玲珑，美不胜收。有的凉亭，还挂有对联：“休息片刻，即登大道；歌唱三曲，漫出阳关。”

侗族住地，山高林密，日照稀少，冷水田多，适宜于种植生长期长、不易倒伏的糯谷。糯谷产量虽然偏低，但清香可口，并便于贮存和携带，因此备受侗族村民青睐。侗族村民收割糯谷，至今仍沿用古老的工具——“摘刀”。深秋时节，糯谷成熟，用“摘刀”将谷穗一穗、一穗摘下，捆绑成把，悬挂在“禾晾”上。金灿灿的谷穗，成排成行地悬挂在鳞次栉比、高十余米的“禾晾”上，满满的谷穗洋溢着丰收的喜悦，散发出诱人的芳香，煞是喜人。

侗寨“禾晾”有单独搭建的，有成排搭建的，还有与吊脚楼粮仓结合修建的。后者的做法是，在粮仓周边立柱上，横向安装杉木杆，即成组合式“禾晾”。将晾晒与贮藏合而为一的建筑物，多修在小河边或鱼塘上，且与住房保持一段不远不近的距离。这样，万一不慎失火，也不会殃及粮食。侗寨的“禾晾”及粮仓习惯性地修建在一起，有意无意地保留着古代集体贮粮的遗风。侗族作为一个长期维持宗法制度的古老民族，从“聚族而居”到以“房族”为单位修建鼓楼、戏楼、花桥、凉亭，直至较为集中地把各家各户的“禾晾”、粮仓修建在一起，充分反映出侗族社会结构的特点和民族内部的凝聚力。

贵州高原，苗族村寨星罗棋布。村寨无论建于何地，也不管住户多少，都建有“寨门”。苗族寨门，既有有形的又有无形的，是一种文化内涵极为丰富的公共建筑物。若是有形的寨门，可能是架在溪上的板凳桥、风雨桥，或长在路边的“保寨树”和建于村口的岩菩萨、保爷凳。此类“寨门”建筑，村民心中有数，外人不易察觉。即便是名副其实的寨门，也只不过是村寨内外的标志而已，这些“门”是无须关锁的。苗族“寨门”，或状似牌楼，或状似凉亭，小巧玲珑，有很好的视觉效果。苗寨“寨门”，不雕不绘，朴实无华。有的“寨门”安装有“美人靠”，身着明清款式服装、梳着唐宋时代发型的苗族妇女坐在“美人靠”上小憩，诚为苗寨一景。苗族“寨门”是村民迎来送往，与客人唱“拦路歌”、向客人敬“拦路酒”的公共场所。每当“过苗年”“吃鼓藏”时都要通过“寨门”送客，除了在“寨门”唱歌、喝酒外，还举行妙趣横生的打酒印、拴彩带、挂红蛋等仪式。“寨门”送客，对于未婚青年男女来说，显得特别重要。苗族自古聚族而居，一族一姓一个村寨，寨内互不婚配。婚恋活动除农闲集体“游方”外，多借助于节日互访或婚嫁走亲中的“寨门对歌”来进行。

苗族“寨门”，在某种意义上也有“护寨”功能。每年冬季“扫火星”，村民于“寨门”外用芭茅草扎一草标，插在地上，示意不能进入村寨，以为如此，灾星出得去，进不来，有利于防火。“吃新节”“过苗年”“吃鼓藏”等节庆活动祭祖时，据说那些“死得不干净”的先人灵魂进不了寨，需将祭祀食品端到“寨门”外祭祀。在村民心目中，村寨内外之间，有道明显的防线，这防线与进入村寨小路的交叉点，便是“寨门”之所在，不管它是有形的还是无形的。有的“寨门”的确具有“防卫”功能，是安全设施的重要组成部分。为了山寨的安全，许多苗寨刻意修在山顶上。“山上层层桃李花，云间烟火是人家”的高山苗寨的“寨门”修建在方便于观察的最佳位置，其目的是，可以及时发现敌情，村民能带上细软，赶忙逃跑。苗族村民最为贵重的细软，是最受村民青睐的银饰。

每个苗族村寨，都有自己的铜鼓坪、芦笙堂，大的村寨，甚至不止一处。有的村寨很小，具有血缘关系的几个小寨子，共同拥有一个铜鼓坪、芦笙堂。总之，苗族村寨不能没有铜鼓坪、芦笙堂。铜鼓坪、芦笙堂是苗族村民“吃鼓藏”“过苗年”身着节日盛装隆重祭祖时，跳

“铜鼓舞”“芦笙舞”不可或缺的文化活动场所。“坐花房”“妹妹棚”，是贵州中西部地区苗族村寨必不可少的婚恋建筑。有的地方，姑娘们自筑“坐花房”，春节期间与邻寨后生在“花房”内谈情说爱。在这些“花房”附近，往往还建有若干“小花房”，供那些十二三岁、情窦未开的小姑娘们“见习”用。有些苗寨，女孩长到十二三岁，夜间便住进父兄为其修建的“妹妹棚”内，在那里集体学唱歌，做针线，并旁观大姐姐们如何与其他寨子的青年交往。“妹妹棚”，史书上称为“寮房”。没有“寮房”的寨子，往往被人看不起。事实上，如果没有“妹妹棚”，必定有碍青年男女的正常交往，其后果是不言而喻的。

青岩镇

花溪区青岩镇，位于贵阳市南郊，距离市中心30千米许，地处省会贵阳通往黔南惠水的交通要道，形成于元末明初。到了明末，青岩镇已非常繁华。徐霞客曾在其日记中写道："其城新建，旧纡而东，今折其东隅而西就尖峰之上，城中颇有瓦楼阛阓焉。"当年，青岩镇的"瓦楼阛阓"，很让徐霞客诧异，被其誉为"南鄙要害"。如今保存下来的东、西、南、北四条街道，当时业已形成规模。特别是北街、南街，全以青石铺设，工艺极为讲究。石板街道两侧，瓦楼、店铺林立。许多铺面以巨型石板安就，极具地方特点。

青岩镇原来有东、南、西、北四座城门，今日保存南、北两座城门。南门现在称为"定广门"。从前在"定广门"北侧还有一座"南门"，早已不复存在。"定广门"，因其通往定番（今惠水）、广顺而得名。

惠水、广顺一带，素为粮食产区。特别是惠水，境内河网密布，拥有大小河流290余条。河流两岸，地势平坦，土地肥沃，良田千顷。面积在300亩以上的大坝子50多个，其中万亩以上者两个。坝区盛产大米、小麦、苞谷，尤以大米为最，占粮食产量的80%。早在唐代，即"稻粟再熟"。明清时期，"定番米三日不到，省城即成饥荒"。青岩镇不失为"惠水粮仓"与"贵阳大锅"之间的"出米口"。具有如此重要地位的青岩镇，不可没有坚固的城墙。于是，清顺治年间，班麟贵之子班应寿，重修青岩镇城墙。嘉庆年间，武举袁大鹏再次修建青岩镇城墙。咸丰年间，赵状元之父赵国澍，以方整石重新修建青岩镇城墙，并于四门之上加修城门楼，委派重兵把守，使其"固若金汤"。

清代中期，汉族人口在青岩镇占据主导地位后，汉文化在原为少数民族聚居区的青岩镇迅速传播开来，大量石牌坊的出现，便是汉文化在青岩镇广泛传播的明显标志。建于庙宇、会馆、祠堂、陵墓前方的石牌坊和建于通衢大道上的石牌坊，至今还保留有数十座。最最引人注目的是定广门内的"赵理伦百岁坊"、定广门外的"周王氏媳刘氏节孝坊"、北门外的"赵彩章百岁坊"。"赵理伦百岁坊"用石狮当抱鼓，且其狮子均作由上而下跳跃状，活像民间的狮子舞，富有浓厚的生活气息。

石板路与石拱桥，是青岩镇石头建筑中的醒目品种。南街、北街，是古代贵阳通往都匀乃至广西的大道，纵穿青岩，悉以石板铺设，工艺极为讲究。有趣的是，这条街道不仅是贵阳至定番（今惠水）的交通线，还是贵阳与广顺的结合部。“结合部”其实也是分界线：路西，归“广顺州”管辖；路东，属“贵州前卫”。特殊的地理位置，形成特殊的历史文化。光可鉴人的青岩石板道路，一直完好地保存到现在，忠实记载着青岩镇的似水流年。石板街道两侧，许多铺面，不用木板而用石板安就，极具地方特点。宽敞平整的石板大道，配以整齐划一的石板铺面，更加突出“青岩”与生俱来的石头性格。

坚硬的石头与温柔的流水构成一幅山水画，正是青岩镇的写真。青岩镇城北，河网密布，大小拱桥，比比皆是，民谚谓之曰：“一出北门三官阁，水碾出在北门河。北门河上百步地，不足一里三洞桥。”北门“三官阁”，供奉天官、地官、水官，为九层砖砌高阁。阁楼附近，溪流纵横，古人于溪边河畔修建水碾，日夜加工大米，销往省城贵阳。有些贵阳米贩前往青岩镇采购，于是在北门外形成一个特殊的交易场所，迄今仍有“卖米市”地名。“北门河”上，水碾成群，著名的有“郑家碾”“彭家碾”“陈家碾”等十余座水碾。为方便碾米村民和大米商贩往来于“北门河”上，在不足百步的狭小范围内修建有“挑水桥”“小石桥”和“郑家桥”等三座石拱桥。三桥之中，“郑家桥”稍大一些。桥上早年设有石栏，两栏中部各竖一块指路碑，镌刻“上走贵阳，下走定番，东走龙里，西走广顺”等字样。明崇祯年间，徐霞客远游至此，在其日记中写道：“青岩屯……北去省五十里，南去定番州三十五里，东北去龙里六十里，西南去广顺州五十里。”所记与碑刻基本吻合。郑家桥之北又有一座三孔石拱桥，从贵阳南下进入青岩镇，首先必经这座桥。徐霞客写道：“有溪自西北峡中出，至此东转，石梁跨之，是为青岩桥。水从桥下东抵东界山，乃东南注壑去，经定番州而南下泗城界。”徐霞客是崇祯十一年（1638）农历四月十四日路过“青岩桥”的，迄今380多年了，拱桥基本完好，仍在继续使用中。

青岩镇的民居建筑，虽然都是木结构，但石垣墙与石柱础等石质构件，充分展现青岩“石文化”的辉煌成就。

青岩镇民居的石垣墙，有的砌筑于屋檐下，有的砌筑于院子四周，是一家一户的防护墙。也有几家几户甚至一条巷道共有的石垣墙。青岩镇形形色色的石垣墙，有用方整石垒砌的，也有用片毛石垒砌的。如今保存下来的一些寺庙、会馆、祠堂以及大户人家的石垣墙，均以方整石合缝垒砌，十分规整，且多净面，凸显青岩镇民众一丝不苟的处世精神。但普通民居的石垣墙，砌法自由得多，一般基础部位以方整石垒砌，而中上部位则多用片毛石，也有从下至上全用片毛石垒砌的。

青岩镇的石柱础，无论是外部造型还是石刻图谱，其文化内涵都特别丰富。从立面看，青岩镇石柱础有鼓形、瓜形、宝瓶形、葫芦形、莲花形、古镜形、覆盆形、圆柱形、方柱形、须弥座形等多种。上述各种造型，往往组合使用，使石柱础变化无穷，有极好的艺术效果。青岩镇雨量充沛，气候潮湿，要求采用高柱础，有的柱础高达一两米。为免造型单调，常以鼓镜结合、鼓瓶结合、数瓶数鼓相结合和数个须弥座相重叠，以及瓶、鼓、须弥座等交相组合等手法打造石柱础。据不完全统计，在慈云寺、迎祥寺、龙泉寺、寿佛寺、万寿宫、文昌阁、贞女祠、赵公专祠和“赵状元府”等古建筑内，迄今仍保留有各种不同造型的石柱础数百个。若干废弃的石柱础，被集中存放于“赵公专祠”内，俨然像个“柱础博物馆”。

青岩镇民居皆为穿斗式木结构，上盖小青

瓦，外装木板壁。民居多为悬山顶，少有硬山顶，几无歇山顶。民房一般都不太高。临街全为铺面，尽是四榀三间。为使铺面免遭日晒雨淋，多于前檐加建“二道厦”。二道厦，有的地方又称“眉毛厦”。眉毛的作用在于保护眼睛，但如果刻意描眉，则意在美化了。青岩镇民居的“眉毛厦”，既有实用功能，又有美化作用，极具地方特点。青岩镇民居，多建腰门，许多人家的上门斗，着意雕成桃子形、如意形，或者虎头形、牛角形。拉手有的做成葫芦形、石榴形，或者祥云形、如意形。象鼻木雕在青岩民居中十分多见，大多用于房前挑檐枋。挑檐枋是需要承重的，将其雕成象鼻形，无疑是力量的体现。同时，在传统文化中，“象”“羊”“祥”，音相近，常被视为吉祥的象征。如将大象与猴子相配，则被誉称“封侯拜相”了。

定广门城门

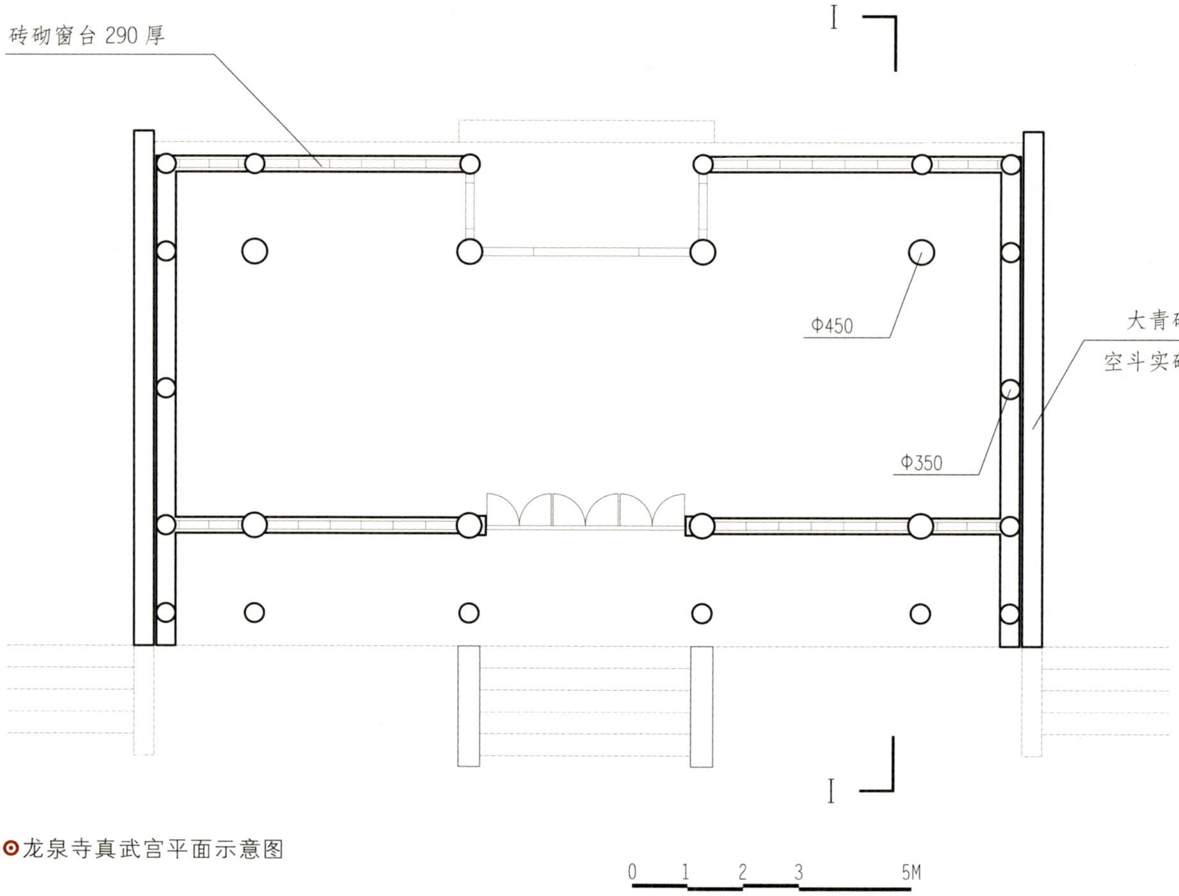

龙泉寺真武宫平面示意图

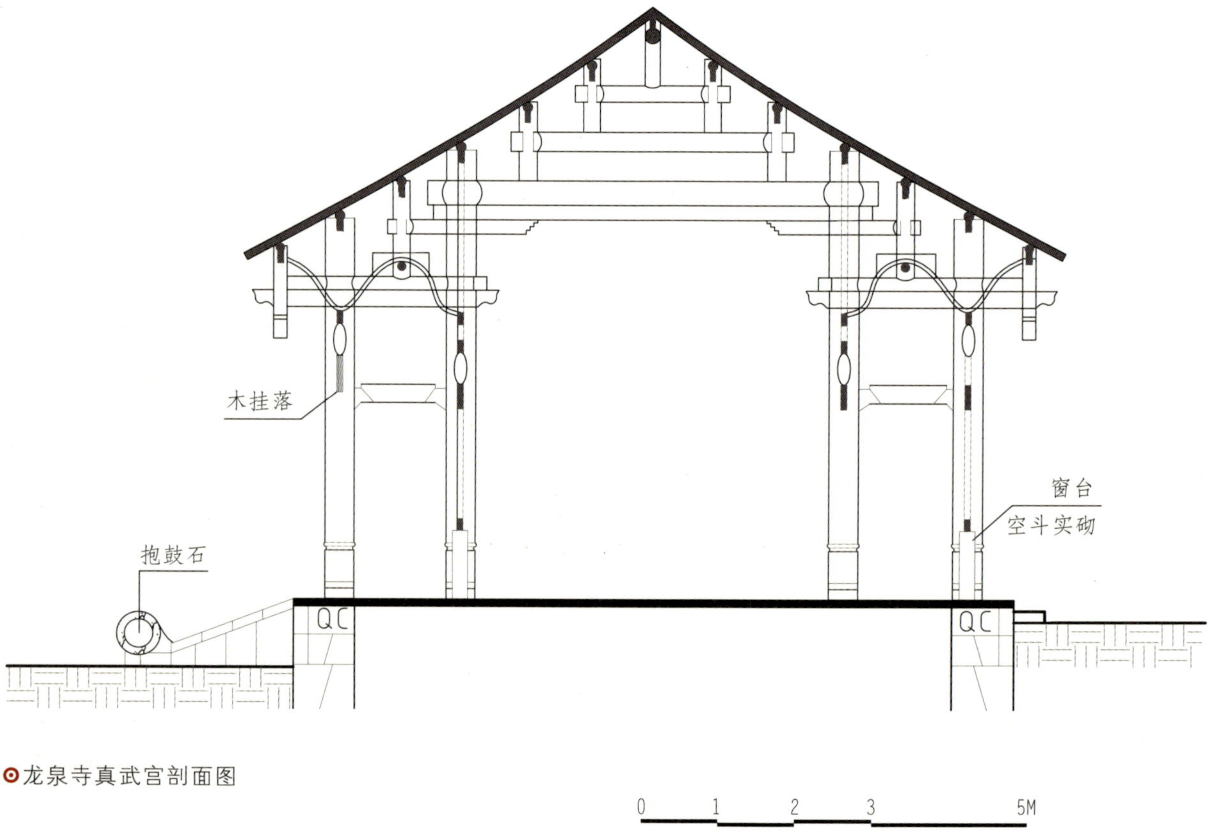

龙泉寺真武宫剖面图

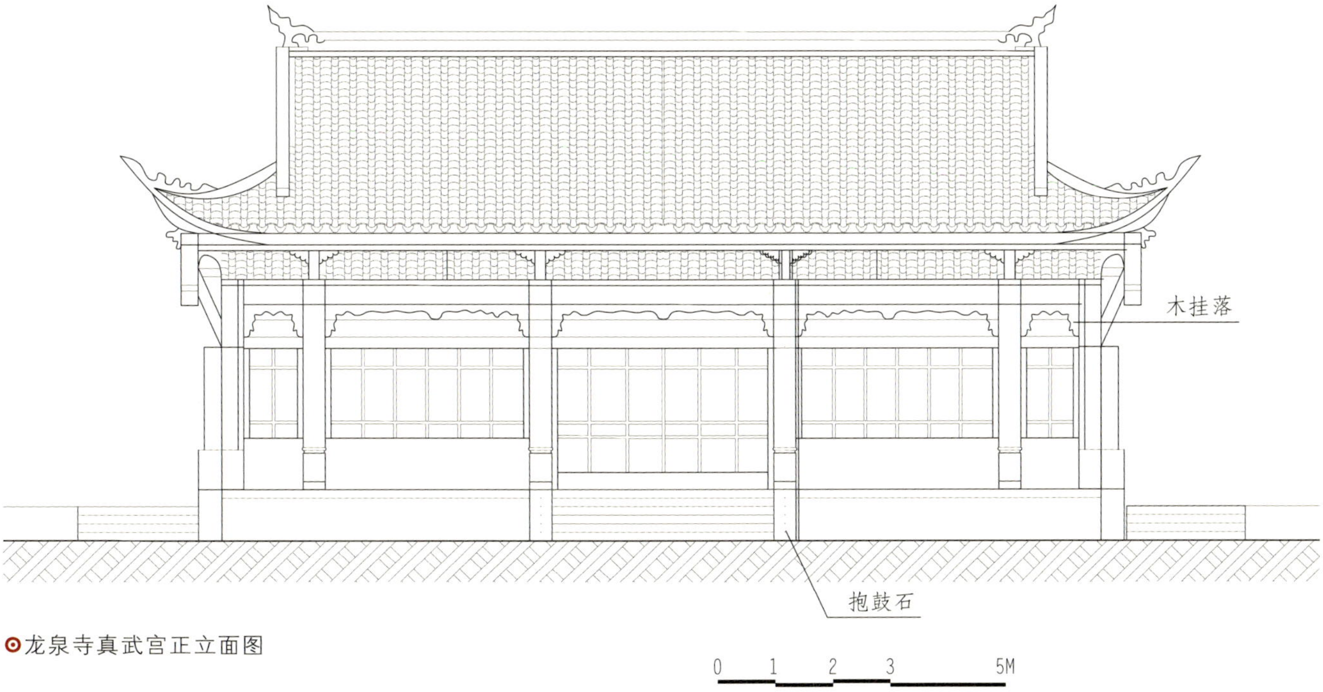

龙泉寺真武宫正立面图

龙泉寺真武宫大殿

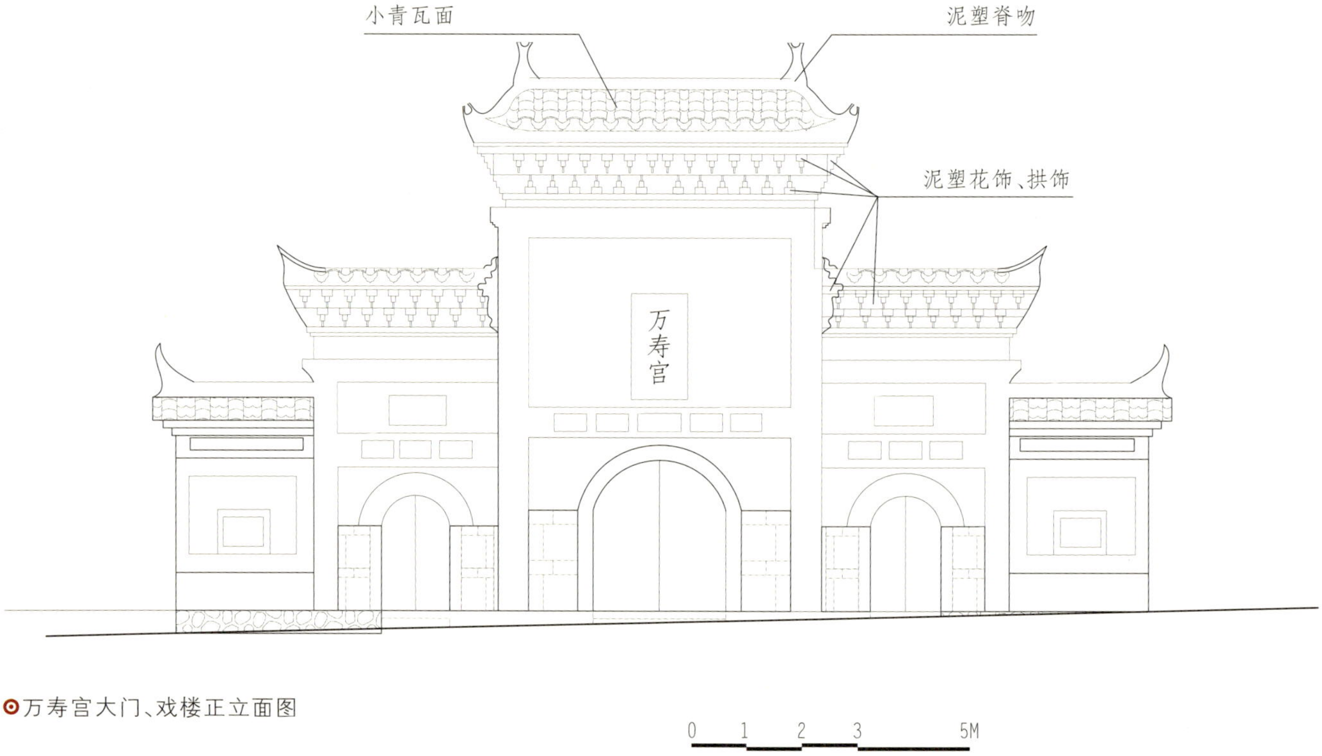

⊙万寿宫大门、戏楼正立面图

⊙万寿宫戏楼

万寿宫大门

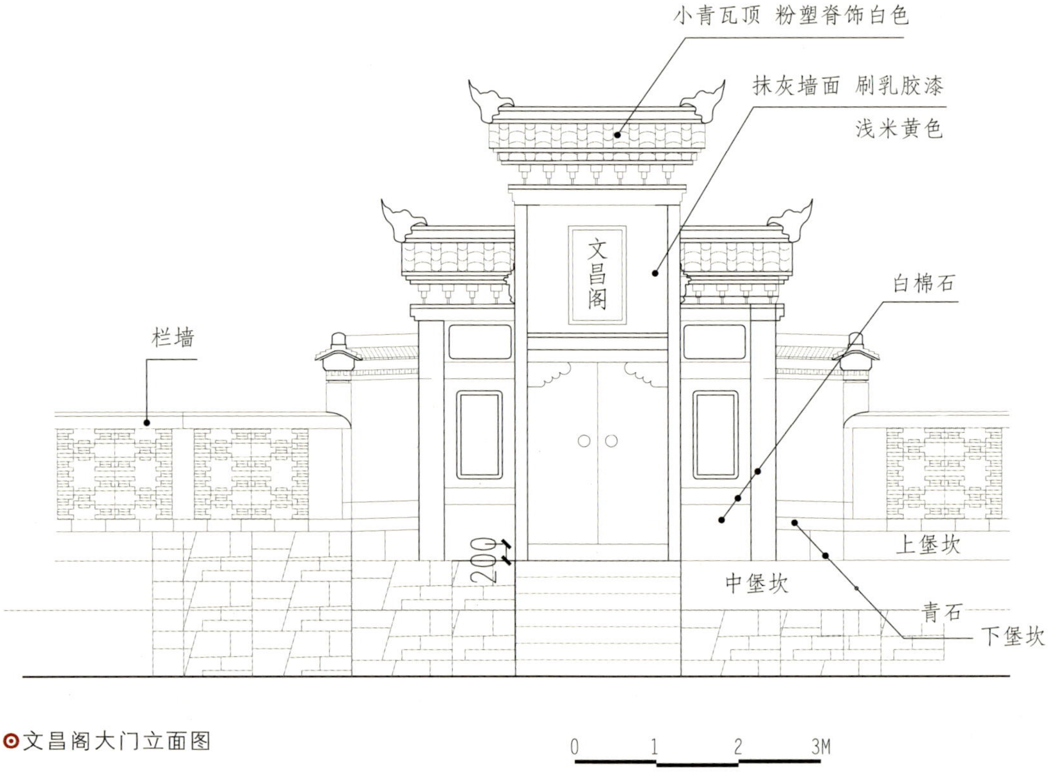

文昌阁大门立面图

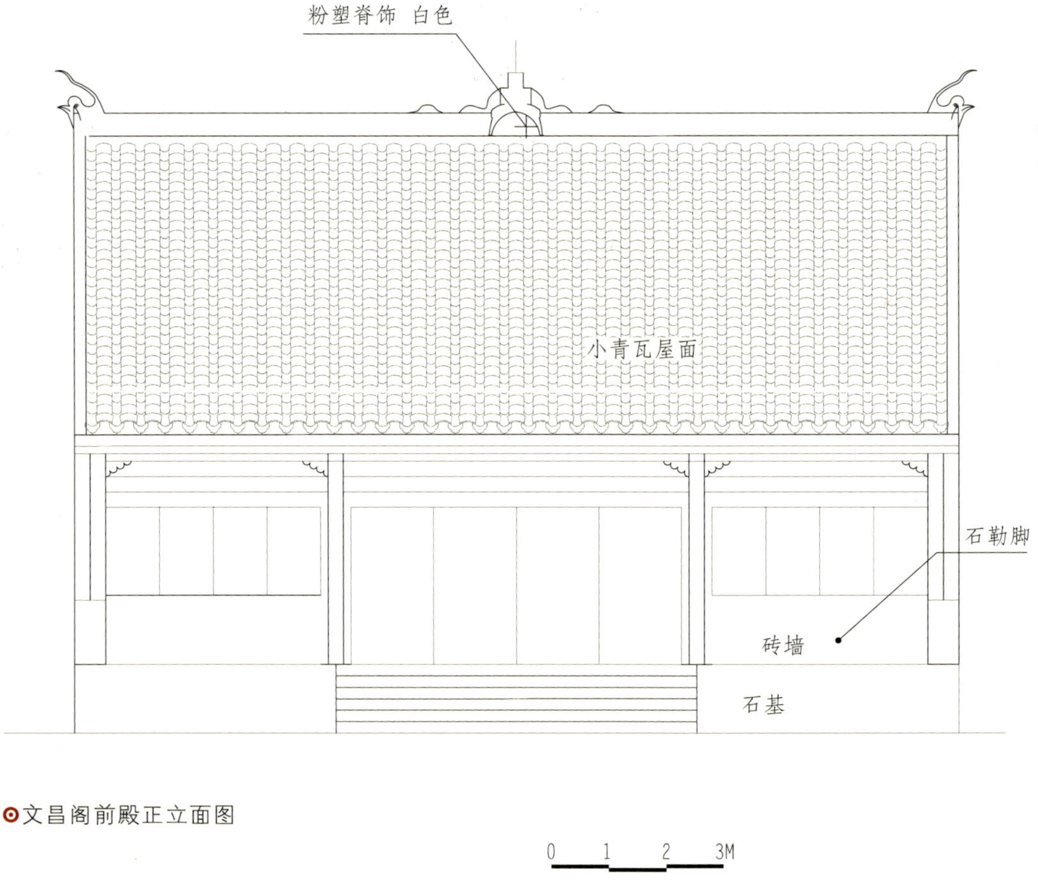

文昌阁前殿正立面图

文昌閣
文明古鎮方圓三十里與更多中小學校廣開風氣樹新人
偉大神州上下五千年數不盡兒女英雄博取功名酬壯志
青岩鎮社區未成年人活動中心
萬世師表

文昌阁大门

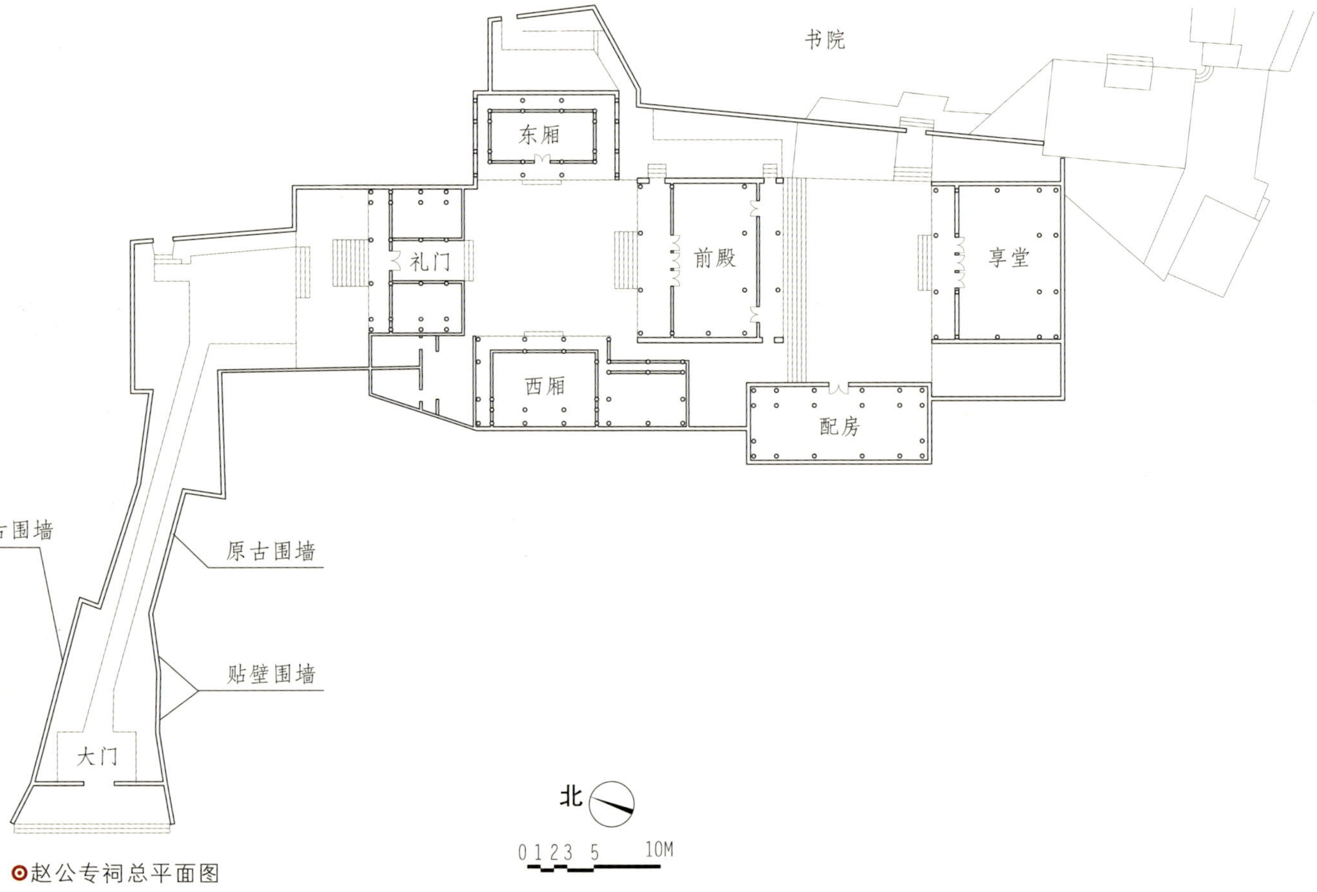

⊙赵公专祠总平面图

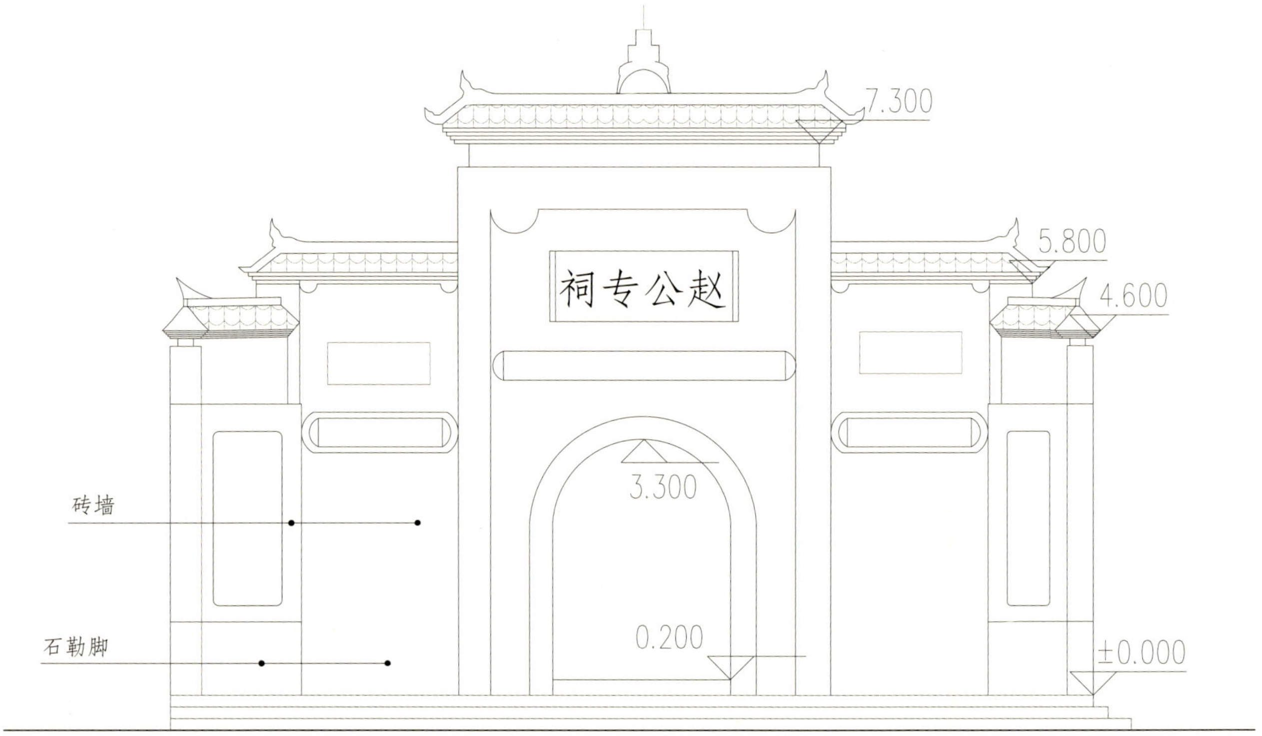

⊙赵公专祠大门立面图

赵公专祠大门

⊙定广门城门及城墙（卢现艺 摄）

⊙青岩镇全貌（卢现艺 摄）

慈云寺戏台

慈云寺灰塑

慈云寺灰塑

始祖李仁宇之墓

武庙始建于明万历年间，坐北朝南，清光绪十四年（1888）重建，现存五开间正殿

民居

巷道及房屋均用天然页岩石板铺设

民居屋顶均采用天然页岩铺设

巷道

⊙民居屋顶均采用天然页岩铺设

⊙巷道两边是石块做基础的木结构石板房

⊙民居内神龛

⊙寨内的民居多为穿斗式木结构

⊙民居大门外的“腰门”，既可防畜禽登堂入室，又不影响室内通风与采光

民居院落

宋氏土司总管府遗址

宋氏土司后裔宋荣昌宅

昔日葫芦街两边均为客栈、饭馆与茶馆，是商贾云集的重要场所

⊙店铺林立的葫芦街

⊙川盐古道

⊙丙安桥全长 38 米，桥面以 2 列共 18 块巨石排列

太平门

从东华门外眺是逶迤的赤水河

⊙摩崖石刻

⊙东华门石阶

⊙古纤道

土城镇

土城镇，位于习水县西部赤水河畔，上通茅台，下通赤水，是从前“川盐入黔”的重要码头。

土城历史悠久，文物古迹众多，从汉代至明代，留下许多文化遗产。

土城崖墓群，为东汉墓葬，分布于赤水河沿岸及支流蔺江畔。其中“袁家坳崖墓”为穹窿顶，分墓道、墓室、头龛等几部分。“儒维崖墓”为岩厦式，残存20余件随葬品，有罐、甑、钵、屋、仓等陶器，铁刀和银戒指等金属器。另有五铢钱30枚。

三岔河崖墓，为三国蜀汉墓葬，遗存人工开凿之崖墓5穴。墓穴旁边，有摩崖石刻多方，阴刻购地安葬死者事及捕鱼图、阙斧图等。购地安葬死者的摩崖石刻记：“章武三年七月十日，姚立从曾意买大父曾孝梁石一门，七十万毕。知者廖诚、杜六。葬姚胡及母。”章武三年即公元223年。“捕鱼图”岩画，阴刻渔舟、鸬鹚、游鱼各一幅，舟中竹竿驱赶鸬鹚下水捕鱼，鱼作仓皇逃窜状。“阙斧图”岩画，位于“捕鱼图”墓穴之两侧，左阙左侧阴刻一柄斧头。

明代遗存，更为丰富。金子屯遗址，位于土城镇西北，为播州土司军事关隘，建于万历十八年（1590），遗存关门及残墙多处。崖壁上有摩崖石刻800余字，记载筑屯始末。

七宝屯遗址，位于土城镇五一村小坝寨西，建于万历二十六年（1598），残存关门、养马司、茶园、水井、营房基址及石墙2000余米，残高1－2米。

永安寺遗址，位于土城镇土城村东，始建于明末，清代多次修缮。依山临水而建，坐东向西，原为两进院落，分为前殿、中殿、后殿。各殿两侧为吊脚楼式厢房，穿斗式木结构重檐小青瓦顶。毁于1985年。

袁绍墓，位于土城镇天星桥村小坝寨西，为县级文物保护单位。袁绍，南宋总制“平南王”袁世盟之五代孙，明授予“节义将军”。其墓曾经被盗。清道光十三年（1833）其子孙修复。墓前立方柱形石碑2通，石麒麟1对，《禁盗碑》1通。

袁腾海墓，位于土城镇群峰村儒维寨西。袁腾海，贵州习水人，万历年间为古磁威远左所千户。墓前立青石方首墓碑，一半没入土中，上半截可见“明先考腾海袁老……”等字，立于崇祯九年（1636）。

土城街道沿河修建，呈带状。民居为前店后室的木结构建筑，具有典型的黔北风格。许多店铺与盐业有关。今存“土城盐号”，位于长征街上，为遵义市文物保护单位。土城盐号始建于清初，坐南朝北，临街店铺面阔五间，进深三间，明间为八字朝门，穿斗式木结构封火山墙青瓦顶。朝门内有天井，天井内有防火鱼池，两侧为厢房作仓库，后为账房、过秤台、厨房、宿舍、厕所、后花园。后门有盐道直通赤水河码头。

土城镇之所以成为国家历史文化名镇，与红军“四渡赤水”息息相关。“四渡赤水”之役，是红军在战略转移中从被动变主动，从失败走向胜利的转折点。“四渡赤水”战役旧址，包括土城、茅台等赤水河畔的几个主要渡口及尚存战壕的娄山关战斗遗址，于2006年被国务院公布为全国重点文物保护单位。

土城镇及其附近的红军史迹主要有：土城会议会址，毛泽东、周恩来、朱德、刘伯承旧居，红军司令部旧址，红三军团指挥部旧址，红军“开仓分盐”旧址，“土城船业工会”旧址，二郎滩渡口遗址，红军烈士纪念碑，“四渡赤水”土城渡口纪念碑，土城战斗纪念碑，青杠坡战斗纪念碑，红军烈士陵园。

土城会议会址，位于土城镇中街，为县级文物保护单位。一渡赤水前夕，中革军委在此召开紧急干部会议，决定西渡赤水河。土城会议会址一楼一底，前有小院。1995年改为“土城镇精神文明活动中心”，1998年辟为“土城镇红军长征陈列室”。

毛泽东、周恩来旧居，位于土城镇中街，为县级文物保护单位。1935年1月，红军到土城镇，毛泽东、周恩来曾住此。木结构穿斗式青瓦顶，后有一岩洞。

朱德旧居，位于土城镇长征街中，为县级文物保护单位。1935年1月，红军到土城镇，朱德住此。木结构穿斗式青瓦顶，距街面20米，原貌保留完好。

红军司令部旧址，位于土城镇狮子沟，为遵义市文物保护单位。1935年1月下旬，红军长征过土城，与川军在青杠坡一带激战，司令部设在狮子沟。旧址建筑为木结构穿斗式青瓦顶四合院。

红三军团指挥部旧址，位于土城镇土城街，为遵义市文物保护单位。1935年1月下旬，红军长征过土城，与川军在青杠坡一带激战，三军团指挥部设在罗氏住宅。罗氏住宅中西结合，砖木结构，四面带廊。

红军“开仓分盐”旧址，位于土城镇中街。1935年1月24日，红军攻占土城镇，至29日，红军打土豪分浮财，把“仁岸川盐办公室委托大业公司办事处”（土城盐号）内的食盐分发给当地群众。盐号为三合院，坐南向北，正门为八字朝门，正房两边是甲、乙、丙、丁四大盐仓，占地面积约468平方米，原貌保存完好。

刘伯承旧居，位于土城镇中街。1935年1月26日，红军总部抵土城，总参谋长刘伯承住“惠民宫”。惠民宫建于清代，由正殿、左右厢房、下殿组成，四周有砖石围墙，占地面积约460平方米。原红军总参谋部的五个情报机构及警卫部队也住此。如今建筑旧貌依存。

“土城船业工会”旧址，位于土城镇中街。1935年1月28日傍晚至29日拂晓，中央红军在青杠坡血战中击溃川敌后，胜利一渡赤水河。渡河前，“土城船业工会”为工兵连架设浮桥提供了船只，船夫拉纤、押运，为浮桥的架设做出了贡献。“土城船业工会”旧址原名“王爷庙”，为中西合璧砖木结构建筑，有前厅、厢房、天井、住房、后花园等，砖砌封火山墙，占地约468平方米。

二郎滩渡口遗址，位于隆兴镇陶罐村。1935年2月18日，红三军团十二团抢占二郎滩渡口，与黔军尤国才部激战，击溃其大部，红军第二次渡过赤水河。3月21日，一、九军团于此第四次渡赤水河。河南岸巨石上，阴刻“二郎滩渡口”。

红军烈士纪念碑，位于官店镇官店村，为县级文物保护单位。1935年1月25日，红五军团掩护中央纵队抵达习水，途中与尾追的川军郭勋祺部交火，17位战士牺牲，村民将其安葬。1966年，中共官店区委修建纪念碑，正面楷书阴刻“红军烈士永垂不朽”。

“四渡赤水”土城渡口纪念碑，位于土城镇赤水河西，为省级文物保护单位。1935年1月下旬，红军长征过土城，从浑溪渡口第一次西渡赤水河。1978年在火星山麓建纪念碑。料石砌筑，高12.5米。碑身前后楷书阴刻“土城渡口”。碑首雕塑红军军旗。

土城战斗纪念碑，位于土城镇土城北1千米处。1935年1月下旬，红军长征过土城，与川军在青杠坡一带激战。毛泽东、周恩来、朱德等在“大埂上”指挥作战。1980年竖立土城战斗纪念碑。

青杠坡战斗纪念碑，位于土城镇青杠村，为遵义市文物保护单位。1935年1月下旬，红一方面军长征经过土城，与川军在青杠坡激战。1980年建青杠坡战斗纪念碑。

红军烈士陵园，位于同民镇同民村，为县级文物保护单位。1935年1月28日，红三、五军团和干部团以及一军团二师，与川军郭勋祺旅、廖泽旅、潘佐旅在青杠坡激战。18名红军烈士被村民安葬于同民。1990年，镇人民政府修建烈士陵园，将烈士遗骨迁入园内。门额上楷书“红军烈士陵园”，门柱楷书对联：“英灵浩气千秋在；先烈精神万古存。”门前石碑记烈士姓名及陵园修建事。

⊙土城镇老街呈带状沿河而建，房屋多为前店后室木结构

“土城船业工会”旧址，占地 468 平方米，为中西合璧砖木结构建筑

老街上的民居与“土城船业工会”旧址

⊙盐号旧址间巷道两侧及地面均铺就红砂石，坚固结实利于防火

⊙巷道

⊙民居多为坐南朝北，穿斗式木结构青瓦顶

⊙临河而建的石阶

龙潭村

务川仡佬族苗族自治县的龙潭村，位于县城东北，属大坪镇管辖，村民都是仡佬族。

对于仡佬族的居住环境，流传这样一句谚语："高山苗，水仲家（布依族旧称），仡佬住在岩旮旯。"仡佬族是贵州高原最为古老的一个民族，有论者认为，它是"夜郎民族"的后裔。在历史文献中，虽然对仡佬族的称呼有许多种写法，但语音都大同小异，诸如"鸠僚""仡僚""葛僚""革僚"等等。在贵州高原上，"阁老""国老""葛老"等地名所在多有。此乃说明，远古时代，仡佬族先民的居住范围十分广阔。后来，由于氐羌、苗瑶、百越，特别是汉族等众多族群移居贵州，与仡佬族交错杂居，许多仡佬族同胞逐步融入了汉族。即使作为一个民族保留下来了，其对汉文化的吸收程度也远远超过其他少数民族。

地处黔东北的务川仡佬族苗族自治县，具有非常悠久的历史，早在北宋年间就建立了务川县。元至元年间，因"婺星"飞流化石坠地，改"务"为"婺"。1959年以后，将"婺川"简写为"务川"。龙潭村位于务川县城都濡镇东北，因村前有口龙潭而得名。

龙潭村仡佬族民居工艺相当精湛，其主要特点突出表现在建筑布局及石木装修上。整体布局，略显凌乱，彼此似无呼应，缺乏统一坐向，此乃地势使然。龙潭一带为喀斯特岩溶地貌，即当地人所谓的"岩旮旯"。在岩旮旯中建房，只能因地制宜，"见缝插针"，难以统一坐向，但就一家一户而言，还是比较规整的。一般都是一正两厢，中间铺设石板院坝，周边垒砌石垣墙，形成封闭式四合院。四合院的石垣墙，大多以片毛石垒砌，间或以方整石砌筑。

建有石垣墙的民居，必然建"朝门"，通常由木质垂花门和石质八字墙组成。垂花门，穿斗式，悬山顶，上盖小青瓦。垂柱雕刻莲蒂、南瓜，寓意清廉、多子。朝门门簪，或雕刻南瓜，或雕刻福寿，寓意多子多福。连楹雕刻水波纹，意在于"镇火"。正房多为四榀三间。房子较高，"吞口"较深，出檐深远，是其特点。最引人注目的是门窗雕刻丰富多彩。明间门窗，均为六扇，称"六合门"。"六合"包括前、后、左、右、上、下六个方位，意为"完整""圆满"。次间门窗，也是六扇，但窗子只雕刻四扇。不少人家，次间开门，上部装饰圆形挂落，人称"月亮门"。

在龙潭村仡佬族民居的木质门窗上，装饰造型各异的吉祥图案，诸如"福禄寿禧""耕读渔樵""二龙抢宝""双凤朝阳""野鹿含芝""喜鹊闹梅""吉祥牡丹""麒麟望日""岁寒三友""连年有余"等等。特别有趣的是，许多吉祥图案，采用组合手法，形成特殊效果。如单看似游鱼，组合为蝙蝠；单看是南瓜，组合成莲花；单看似两只桃，组合为两尾鱼；单看是个“喜”字，组合为“二龙抢宝”等等。还有一个独特之处，即不仅于明间大门安装“腰门”，次间房门也安装“腰门”。所有“腰门”都是镂空的，但图案几乎无一雷同。其实门窗雕刻也是如此，充分体现各自的独创精神。明间上部，多装“笆拆墙”，外涂石灰，书写吉祥语。有的人家，甚至在横梁上雕刻、绘画吉祥图案，真所谓“雕梁画栋”。民居“雕梁画栋”，贵州实不多见。

纵观龙潭村仡佬族民居的建筑装修，不难发现，生殖崇拜是其一大特点。由于历史上的种种原因，仡佬族人口呈日益减少之势。为了民族的生存，希望迅速繁衍，这是可以理解的。

象征“多子”的南瓜，较为集中且十分醒目地雕刻在朝门及大门的门簪上。南瓜崇拜，衍生出葫芦崇拜。在汉族传统文化中，葫芦既代表“福”又代表“禄”，还代表“寿”，故在龙潭村仡佬族民居的石刻、木雕、灰塑上，多见葫芦造型。村民家中的坛坛罐罐都是模仿葫芦的样子烧制的，泛称“陶葫芦”。以葫芦作生产、生活用具并仿照葫芦制作生产、生活用具，是人们利用自然、模仿自然创造文化的社会实践。至于男性村民将葫芦作为饰物拴在腰杆上，显然是为标榜阳刚之气，堪称生动形象的生殖崇拜。

鲤鱼图案多雕刻在大门腰板及气窗上，而且都是成双成对的。龙潭村仡佬族村民喜欢鱼，崇拜鱼，有更深刻的社会、历史原因。总的看来，既是渔猎生活的反映，又是生殖崇拜的表现。龙潭村仡佬族村民的鱼文化，广泛蕴藏在饮食、生产、家具、服饰、建筑、婚礼、节日、祭祀等方方面面，堪称“崇拜文化”百花园中的奇葩。如今龙潭村仡佬族村民已经没有以鱼为生的人家了，但渔业生产、稻田养鱼的习惯一直经久不衰。因此，养鱼设施、捕鱼工具，在社会生产中仍然占有十分重要的地位。龙潭村仡佬族村民常用的家具无非橱柜桌椅之类，而几乎在所有橱柜的木门上和桌子的抽屉上，都安有鱼形门襻或鱼形拉手。这些鱼形制品，多为铜质，或者铁质，做工比较精细，形象也很逼真。

在神州大地上，许多建筑物的正脊两端，都安装有“博缝板”（又称博风板），板上雕刻一条鱼或两条鱼，建筑学上称之为“悬鱼”。龙潭村仡佬族村民不是将鱼悬挂于屋脊上，而是将其雕刻在门窗上。此举虽与安装“悬鱼”有异曲同工之妙，但其含义可能还是有些不同的。

龙潭村的历史文化，不仅表现在民居建筑上，周围的一些文物古迹，也为其增色不少。龙潭村附近至今保存众多文物古迹，充分说明很早以前就是人类活动的一个中心点。从出土文物可以看出，大坪、龙潭一带，曾有过一段辉煌的历史。在洪渡河两岸约2000平方米范围内，分布众多的汉墓。1984年、1987年，有关部门对这里进行了两次发掘，出土随葬品有陶罐、铜钵、耳杯、五铢钱、朱砂矿等。当地农民上交陶罐、俑、壶、铜蒜头壶、釜、鍪、甑、扁壶、提梁壶、镜、印章、箭镞等数十件。

龙潭村一带出产朱砂，古人为运输方便而修建的桥梁和道路迄今犹存，其中“瓮溪桥”是省级文物保护单位，建于明万历十四年（1586），系陕西西安府兴平县店张驿沉潜里寓居婺川县板场下寨的陈君仁、陈君义兄弟捐资修建的。开采朱砂，经营汞矿，为修建工艺精湛的仡佬族民居提供了经济支持。在龙潭村一带从事水银开采及运输的中原汉族商人，对仡佬族建筑文化的形成和发展具有重大的影响。从龙潭村仡佬族民居的精湛工艺，可看到民族融合、文化交流的轨迹。

⊙龙潭村民居因地制宜，“见缝插针”

⊙民居多采用木结构

⊙民居为穿斗式，悬山顶，上盖小青瓦

⊙朝门多由木质垂花门和石质八字墙组成

⊙巷道两边用片毛石垒砌垣墙

⊙民居一般为一正两厢

⊙民居正房多为四榀三间，房子较高，“吞口”较深，出檐深远，是其特点

民居正房中间铺设石板院坝，周边垒砌石垣墙，形成封闭式四合院

民居厢房

民居前院坝多用于晾晒谷物

民居明间门窗均为六扇，称“六合门”

民居墙壁多为穿斗式竹泥混砌

民居内景

⊙仡佬族民居窗雕装饰造型各异，多为吉祥图案

⊙门窗木雕装饰

云山屯

安顺市西秀区的云山屯，位于安顺市东北方，是七眼桥镇属下的一个自然村寨，因为村民是屯兵后代，故称为“屯”。

黔中腹地安顺一带，聚居着一大批貌似少数民族的“屯堡人”。据历史文献和口碑资料称，其先祖是明洪武年间“调北征南”入驻贵州的屯兵。《明实录》说的“兵团聚，春耕秋练，家自为塾，户自为堡，倘贼突犯，各执坚以御之”的那些人，正是指的“屯堡人”。

顾名思义，“屯”是驻兵的地方。贵州屯田始于明初。关于明代在贵州推行屯田制度的情况，《贵州古代史》有明确记载：明朝为了巩固对贵州的统治，于统一全国不久，也和其他行省一样，在贵州地区推行屯田制。屯田主要分“军屯”和“民屯”两种。所谓军屯，就是政府抢占大量土地，直接分配给驻军屯种，以兵养兵。“无事屯田，以资军实”，明政府规定：边地驻军，“三分戍守，七分屯种”；内地驻军，“二分戍守，八分屯种”。平时，军队主要从事农业生产。所谓民屯，就是强迫一些无地农民到政府占有的土地或荒芜的土地耕种，以供军粮。明代各地屯兵由卫、所负责。卫、所是明代的一种军事组织，设有指挥使、千户、百户、总旗、小旗等官职。屯田的“军户”，由卫、所发给犁铧、钉耙等农具。每个“军户”耕种二十至五十亩不等的土地。关于明代军屯在贵州屯田的土地占有情况，据谢东山在《屯田议》中说：“贵州各卫旗军，上粮屯田……总旗十八亩，小旗十四亩，军人十亩，皆得计其子粒之输，以充月粮之食。”嘉靖三十一年（1552），贵州屯田达三十九万多亩。到天启元年（1621），增至九十三万多亩，比60多年前增加近两倍。屯田对贵州部分荒地的开垦，起了一定作用。

屯兵聚居的“云山屯”，其建筑物，具有鲜明的军事特点。它的城墙及城楼，从民间传说及风化程度，应判为明代军事建筑。“云山屯”上的“云鹫山寺”，其建筑手法与平坝天台山“伍龙寺”如出一辙。屯堡人的建筑特点是以石头奠基，石块砌墙，石板盖顶，且多半建有碉楼，墙体辟有枪眼，楼上开有“狗洞”。在鳞次栉比的屯堡建筑中，年代较早、规模较大、工艺最精而且保存最好的，首推“云山屯”附近的平坝天台山伍龙寺。寺庙山门镌刻石联：“云从天出，天然奇峰天生就；月照台前，台中胜景台上观。”此联将三个“天台”巧妙嵌入其中，惟妙惟肖地刻画出天台山的绮丽风光。伍龙寺创建于明万历年间，后经明崇祯和清康熙、乾隆、咸丰及民国等多次增修、扩建。现存两道山门、两重庙门和大佛殿、左右厢房、殿前倒座、玉皇阁、藏经楼，以及粮仓、马厩等建筑。庙与石山浑然一体，空间组合非常成功。伍龙寺的奇特之处，不仅表现在建筑造型上，更为重要的是它蕴藏着很深的文化内涵。虽为“伍龙寺”，但寺中建有宏伟的玉皇阁，表明此山佛道共居，二者合流。无论是佛是道，都是宗教建筑。同时，这座古建筑，还拥有军事功能，既是座“亦文亦武”的古刹形城堡，也是座“半军半教”的城堡式古刹。

伍龙寺巧妙利用自然山形，建于悬崖之巅，仅有一线可通。山路蜿蜒曲折，夹道浓阴蔽日，攀援其间如入迷宫。寺内建筑虽然都是穿斗式吊脚楼木结构，但山墙全用石块垒砌，窗子既少又小，与碉楼枪眼无异。藏经楼后面的粮仓，鹤立鸡群，俨然是座居高临下的石碉楼。这些建筑特点，与附近“屯堡人”的建筑风格极为相似。伍龙寺山脚下遍布人称“碓窝”的石臼，这是战争年代的陈迹，表明这里曾作军事据点用。伍龙寺的后院，建有坚固的石垣墙，石墙上部，砌有用于军事目的的“城垛”，充分显示该庙半军半教的建筑风格。

伍龙寺建于明万历年间，有修建题记作证。由此可以推断，同为“屯堡人”修建的“云鹫山寺”也应建于明代。但是，“云山屯”现存民居建筑，是“屯堡人”的后裔陆续修建的，多数为清代建筑，民国年间及中华人民共和国成立以后修建的民居也不算少。无论是何年代建筑，都有鲜明的地方特点和浓郁的军事特色，即就地取材，利用当地出产之石墩奠基，石块砌墙，石板盖顶，且隐蔽留有枪眼，有的还建造“碉楼”。然而，它们毕竟是民居，不可避免地保留“徽派建筑”的遗风。在我国南方建筑史上占有支配地位的“徽派建筑”，对江苏、江西影响极大。来自“两江”地区的“屯堡人”，把“徽派建筑”文化带入贵州高原，营造四合院，修建垂花门，雕刻石柱础，制作木窗花，竭力保存家乡的建筑风格。因受经济及地理条件的限制，建筑规模小了一些，有的也不那么规整，但其建筑形制及工艺，同“徽派建筑”如出一辙。

这些来自“两江”地区的“屯堡人”，大半是明初“调北征南”、戍守滇黔驿道的屯兵。他们战时为兵，平时务农，闲时从事一些从故乡带来的文化娱乐活动。其活动主要项目便是春节期间演唱的面具戏。这种戏，因不搭台、平地演唱而称“地戏”。“地戏”又被人称“军傩”，剧目尽是武戏，强烈表现屯堡人的尚武精神。来自不同地方的屯兵，有的信佛，有的信道，所以“云鹫山寺”既有“玉皇阁”又有“观音殿”，还有“关帝庙”。据说在“屯堡人”到来之前，当地是没有这些宗教信仰的。引人注目的是，“屯堡人”的妇女服饰，数百年来很少变化，依然长袍宽袖，右衽大襟，常被外人误认为“少数民族”。说这种服饰是明代服装，一点都不勉强。但在笔者看来，此种款式的明代服装，可以上溯到元代。元朝为人称“马背上的民族”——蒙古族所建，蒙古族服装盛极一时是完全可以理解的。蒙古族以游牧为主，无须下田干活，故其服装为长袍，白天当衣服穿，晚上作被子盖，骑马上下也方便。“屯堡人”的妇女服饰，堪称服饰文化史的珍贵资料。

实地考察发现，“云山屯”中的居民，虽是军人后代，却有众多的经商者。街道两侧民居，皆建石板铺面，表明都做生意。据说，“云山屯”中的屯堡人特别善于纺纱、织布，不少人家以此道为业。其纺织技术无疑是从“两江”地区带来的。他们中的一些人，由军转民后从事农业生产，但不知怎的，好像总是不如做生意在行。此风甚至一直延续至今。今日“云山屯”中的许多石板房是长年锁着的，房主并非外出打工，出卖苦力，而是举家外出经商去了。“屯堡人”的后代擅长做生意，与贵州“土人”大不一样，颇具研究价值。

近在咫尺的“本寨”，也是屯堡人的村寨，与“云山屯”一并被列为全国重点文物保护单位，名称是“云山屯古建筑群”。

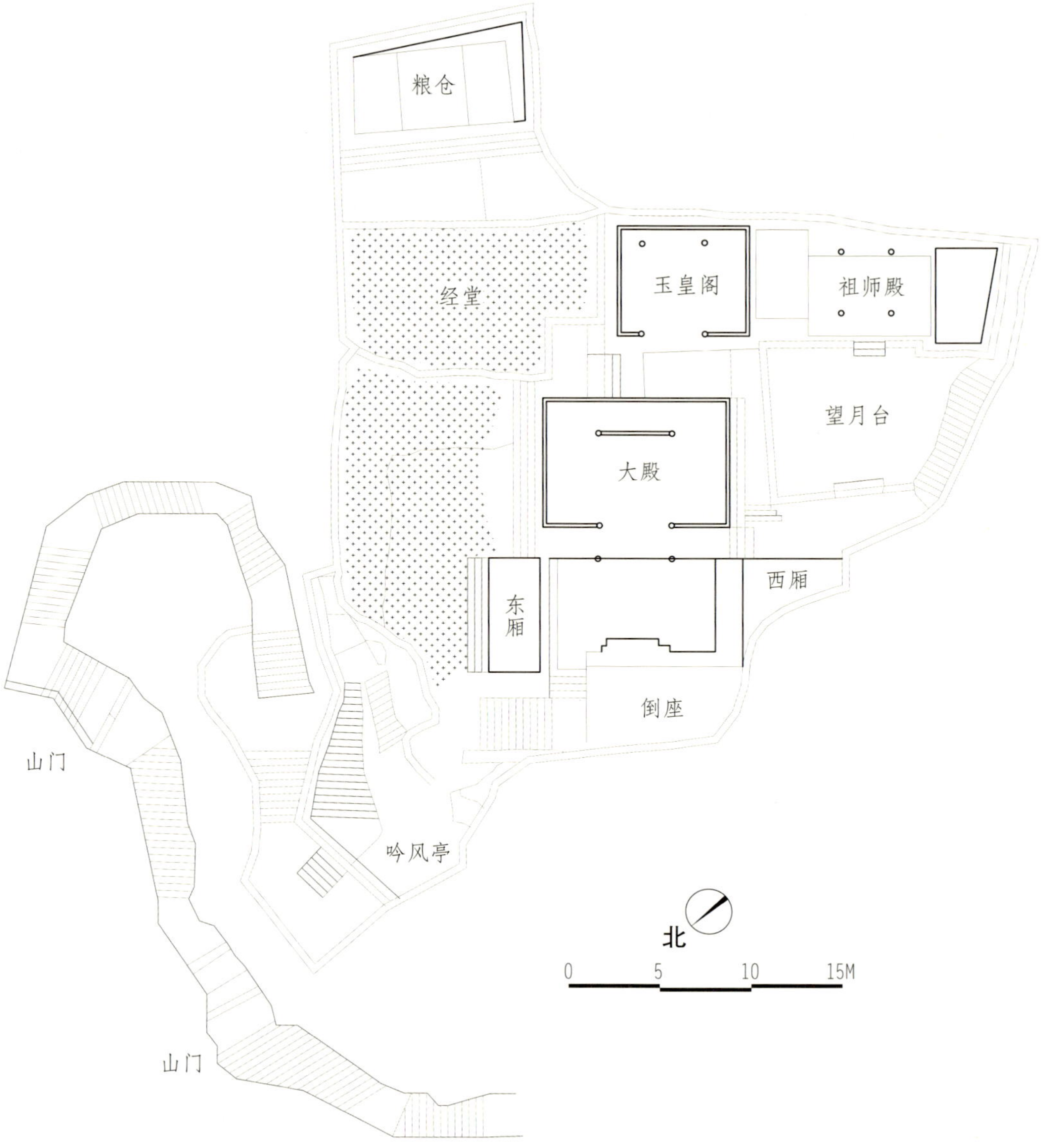

⊙天台山伍龙寺平面图

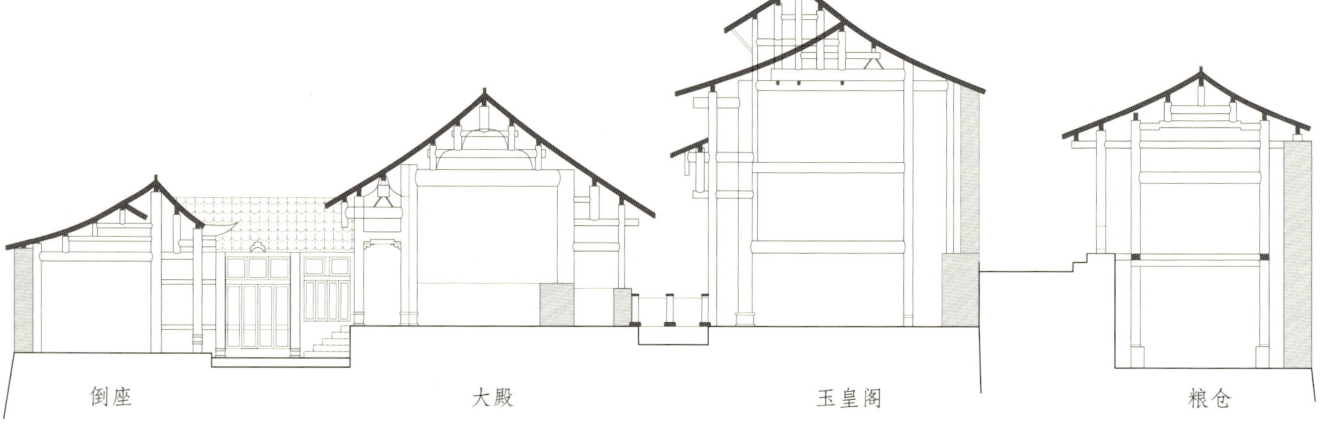

⊙天台山伍龙寺剖面示意图

⊙云山屯前屯门用巨石垒砌而成，两边城墙高 7–8 米，厚约 1.5–2 米，上有炮眼和垛口，便于防卫

⊙屯墙全长1000米左右，上面有垛口与炮眼，一旦发生战争，即构成了一套完善的指挥与作战系统

民居多为穿斗式木结构，构架承重，围墙只起围护功能

建于民国二十四年（1935）的建筑，后面洋房建筑面积约316平方米，前面为碉楼

民居

民居屋顶

⊙民居

⊙民居

⊙民居

⊙巷道

⊙民居

⊙民居内景

⊙民居内景

⊙民居内隔扇门

云山屯民居王少州住宅

⊙整个屯用石头筑造，八条巷道，组成一座“八卦村”

⊙民居屋顶均采用天然石材铺设

⊙八条巷道之一

八字门

巷道

屯堡妇女

仍是明代江南汉族妇女打扮的屯堡人

⊙民居天井

⊙民居隔扇门

民居天井

鲍屯村人，明洪武年间自徽州府棠樾村军屯于此，其后人服饰仍存明代遗风

⊙村中心的碉堡高约 30 米，是鲍屯村最高点

⊙石碉内四面石窗用于观察及作战射击之用

⊙民居多为一正二厢，穿斗式木结构悬山青瓦顶

⊙俯瞰民居

⊙井亭

⊙村民生活

⊙村民生活

⊙吊脚楼

⊙戏楼

⊙天福井

⊙周氏始祖墓与民居

村子中有七棵古树，呈“北斗七星”分布状

◎梓潼宫正殿正立面图

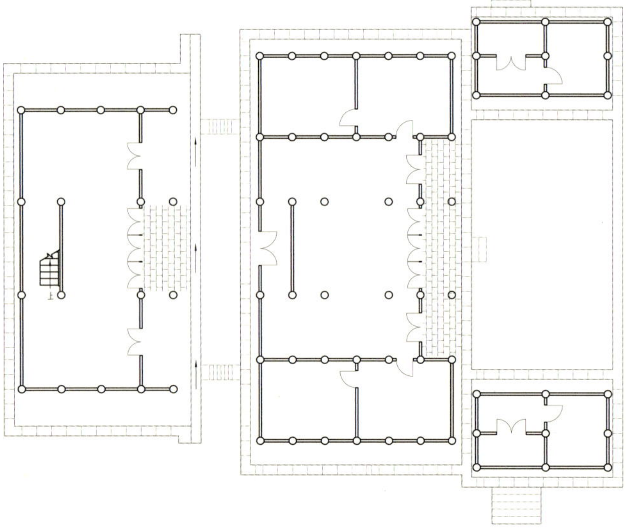

◎梓潼宫总平面图

◎梓潼宫后殿正立面图

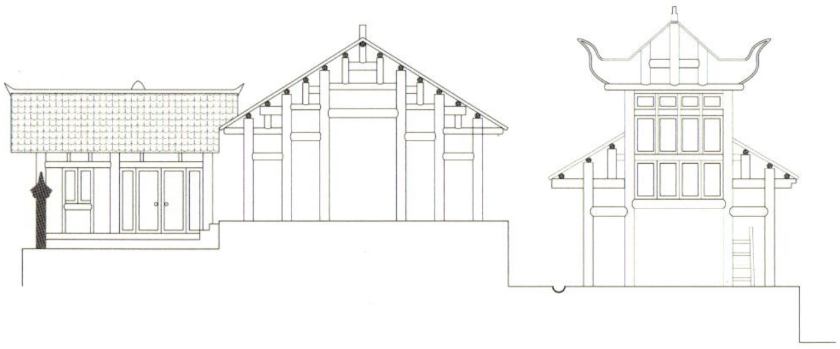

◎梓潼宫总剖面图

⊙梓潼宫外景

⊙梓潼宫前殿内景

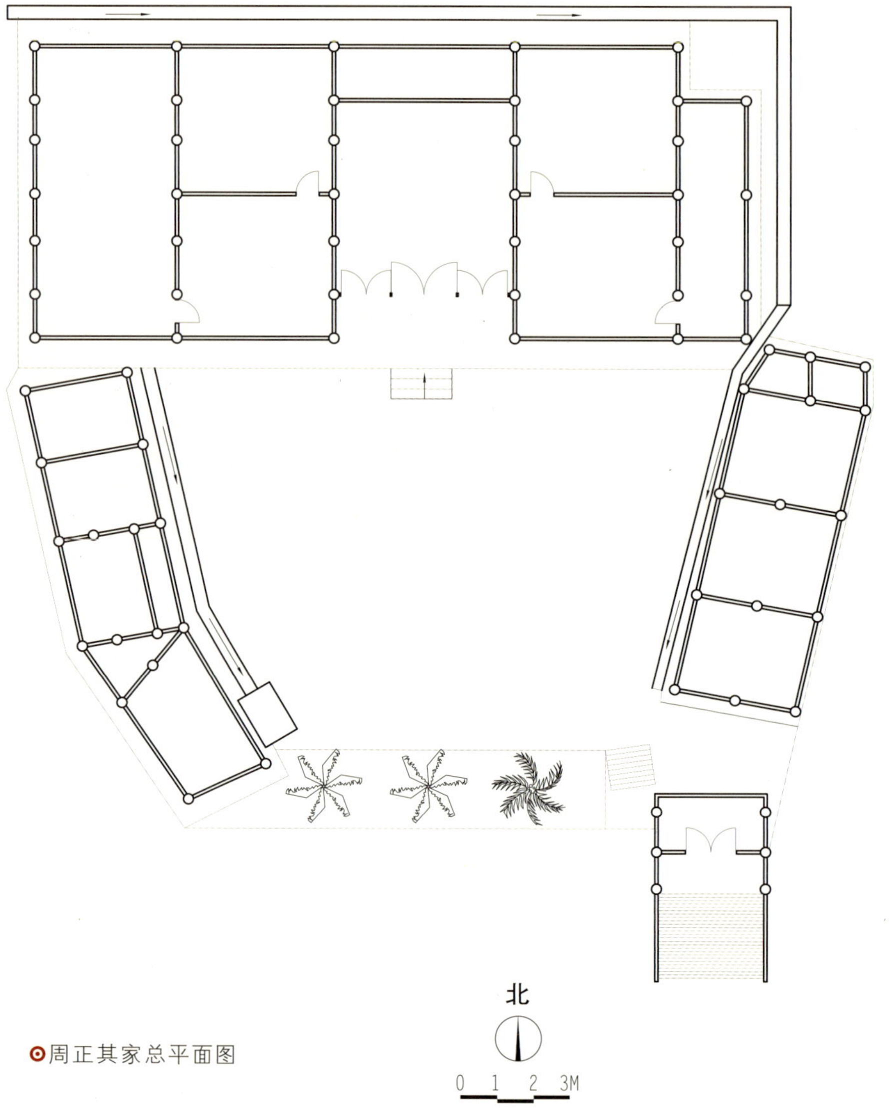

⊙周正其家总平面图

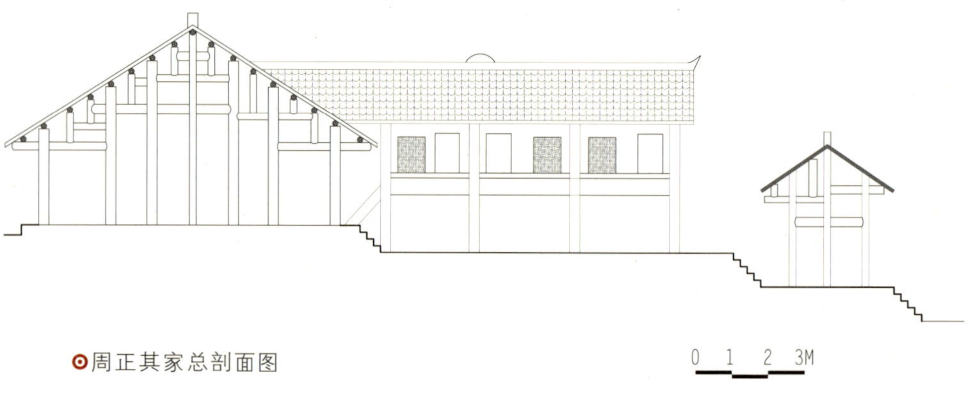

⊙周正其家总剖面图

周正其宅朝门

周正其宅厢房

周正其宅院坝

⊙周正洪宅正房

⊙周正洪住宅腰门

⊙周正洪住宅雕花门窗细部

⊙周正洪住宅雕花门窗细部

寨英镇

松桃苗族自治县的“寨英”，既是个镇，也是个村，位于偏远的县城西南方，与江口县毗连。

人说苗族是肩扛锄头进入贵州的，汉族是手提秤杆进入贵州的，所以苗族祖祖辈辈务农，汉族世世代代经商。但是“寨英”经过几百年的发展与交融，苗族也有经商的了。寨英镇保留下来的众多文物古迹表明：由于商品经济的发展，促进了民族文化的交流，改写了武陵山区的历史。

寨英镇深居于武陵山主峰“梵净山”东麓，最早被称为“再荫”“遮荫”或“寨荫”。据说是其地山高林密，一年四季，总是掩映在竹木葱茏之中，阳光时隐时现，一而再，再而三地“荫”，故名“再荫”。寨英原本是个默默无闻的苗族小寨，后因水运畅通，自明清逐步成为武陵山区遐迩闻名的水陆重镇。

寨英镇，四周环山，三面环水，高家河与磨龙河，将寨英围成葫芦形。寨老说，宝葫芦既寓意财富、长寿和多产，又是“福”“禄”的象征。人们为其祖先占有这样一方风水宝地而自豪。

据口碑资料称，寨英镇发迹于明初，昌盛于清末。早年曾为军需物资转运地，后来成为梵净山麓大商埠。外地客商主要来自湖南和江西，迄今留有湖南会馆“寿佛宫”、江西会馆“万寿宫”等古建筑作证。“寿佛宫”又称“寿佛寺”。湖南会馆之所以称“寿佛宫”“寿佛寺”，原因在于馆内供奉无量寿佛。至于江西会馆“万寿宫”，贵州所在多有，有的县市多达四五座，甚至同一县城即有两座。明清时期，大批江西籍军民纷纷涌入贵州。军人原为屯兵，而后安家落户，与当地土民融合。随着社会安定，经济发展，江西商人溯江而上，入黔寻求发展，形成新的人群。他们为了自身的利益，集资修建江西会馆，馆内供奉“许真君”与“杨泗将军”，习称“万寿宫”。贵州按察使方显，曾在清雍正十二年（1734）“奏请于苗疆各镇、协、营俱建万寿宫一座，以为朝贺之地”。这可能是贵州万寿宫所在多有的重要原因。

湖南、江西的商人们，凭借沅江上游的一条重要支流寨英河，将大宗木材、桐油、生漆、棕片、蓝靛、药材、兽皮、朱砂等土特产品源源不断地运到本省的铜仁和湖南的麻阳、辰溪、沅陵、常德，再由洞庭湖畔的常德运往湖北武汉、江西九江等地，又将陶瓷、铁器、棉纱等“南货”运回寨英镇，销往梵净山麓各村镇。鼎盛时期，寨英河上，日行木船不下百只。

寨英镇城墙，始建于明初，完善于清末。连

接四座城门，两座水门，一座卡子门，全长673米，高3至10米不等，悉以粗大料石砌成。清中叶以后，寨英的商业有了较大发展。后来受到咸丰、同治年间包茅仙起义军的冲击和随后而至的匪患的骚扰，一度萧条。为了小镇的安全，光绪初年，由吴、何、王、祝等姓氏居民，共同出资夯筑土墙，民国初年改为石城，并建东、西、南、北四个城门与之相连，构成完整的防御体系。现东北段、东南段、西南段保存完好。四个城门至今亦基本完好。城墙西南段，兼作防洪堤用。

城内主要街道有六条。东门街，西抵中街，东至东门，全长53.3米，宽3.5米，青石板铺设。街下设深约1米、宽0.4米的排水沟。东门附近亦有排水口。街西端有自流池1个，用于防火。街道及东城门系道光年间初建，后由“同兴昌”等商号出资改建为石板街道，民国初年完成。南门街，北接中街卡子门，南到南门，全长120.4米，宽3.5米，青石板铺设。街下有排水沟，南门附近亦有排水口，街南端有自流池1个。自洪武二十三年（1390）以来，此街历为军队驻防地，明末成为居民点，并辟有街道，清光绪初年，由“协裕祥”“聚泰长”等商号出资改为石板街面。中街，位于古镇中部，南接南门街，北接北门街，东与东门街连通，全长48.9米，宽4米，青石板铺设。街下有排水沟，南、北两端各有1个自流池。南端有卡子门1道。街道为道光年间初建，后由“富华”“同德祥”等商号出资改为石板街道，民国初年完成。何家坝巷子街，东接中街，西通西门街及西城门，全长76米，宽约2.8米，青石板铺设。街下有排水沟，街西端有自流池1个，南侧接大、小两水门，系全镇货物上下船的主要街道。明洪武年间为军队驻地，嘉靖年间成居民点，明末辟为街道。清光绪年间由“何和顺”商号出资改为石板街。北门街，南接中街，北至北城楼，全长98.7米，宽3.5米，青石板铺设。街下设排水沟，中部有自流池1个。街道为道光年间初建，后由“吴祥泰”“曹易和”等商号出资改为石板街，民国初年完成。巷子口街，位于何家坝巷子西端，全长40米，宽3.2米，是“何和顺”三大号的进出通道，街北端有自流池1个。明末为居民点，后辟为街道。由“何裕”商号（后改为“何和顺”商号）出资建成，卵石铺垫。20世纪80年代，居民出资将部分地段改为混凝土，并将原暗沟改为明沟。

此外，还有水门和码头。大水门，又称陈家水门，位于何家坝巷子中段临河一侧，上部为露天通道，下部为半封闭式通道，自何家坝巷子街通道，沿石板阶梯而下过临水门即到河面。通道斜坡长25.7米，宽3.6米，临水门高约2.8米，宽2.1米。临水门石门楣下方刻有飘带、宝剑浅浮雕。清朝初年开辟为码头，清中叶被陈氏家族购得，即用粗料石扩建为水门，成了寨英的重要码头。小水门，又称“何家水门”，位于何家坝巷子西端临河一侧，上部为露天通道，下部为封闭式通道，自何家坝巷子街道顺通道，沿石板阶梯而下至临水门，即可下河，通道斜坡长17.2米，宽3米，临水门高2.8米，宽2米。临水门石门楣下方有太极图浮雕。此地早在明洪武年间就是重要码头，明末由何姓宗族购得，即用粗料石扩建成水门。西南面临河，建码头两座。

数百年来，逆沅江而上，辗转深入武陵山区腹地的湘、赣客商与当地苗族村民一道，苦心经营，将寨英建设成梵净山麓头号码头。镇内各条街道，历尽沧桑，光可鉴人，忠实记载着寨英镇的似水流年。街道两侧，店铺林立，著名的有天字号、地字号、何裕商号，以及盛极一时的八大商号——富华、吴祥泰、同兴昌、曹易和、易和兴、同德祥、聚泰长、协裕祥。此外，还有专卖川盐的冉家盐号，专营棉布的黄家布屋和销售盖世茶食、三鲜大面的松江楼。这在内地，不足为奇，但在苗族山区，实为一大奇观。

镇内建筑装修，深受苗族影响，即使富商捐资修建的会馆，照样利用鹅卵石垒砌墙裙，且上下两层呈“鱼骨”形，雕刻艺术，更为形象。苗族自古从事农业生产，而且主要种植水稻，因此特别钟爱水牛，并由此形成别具一格的“牛文化”。

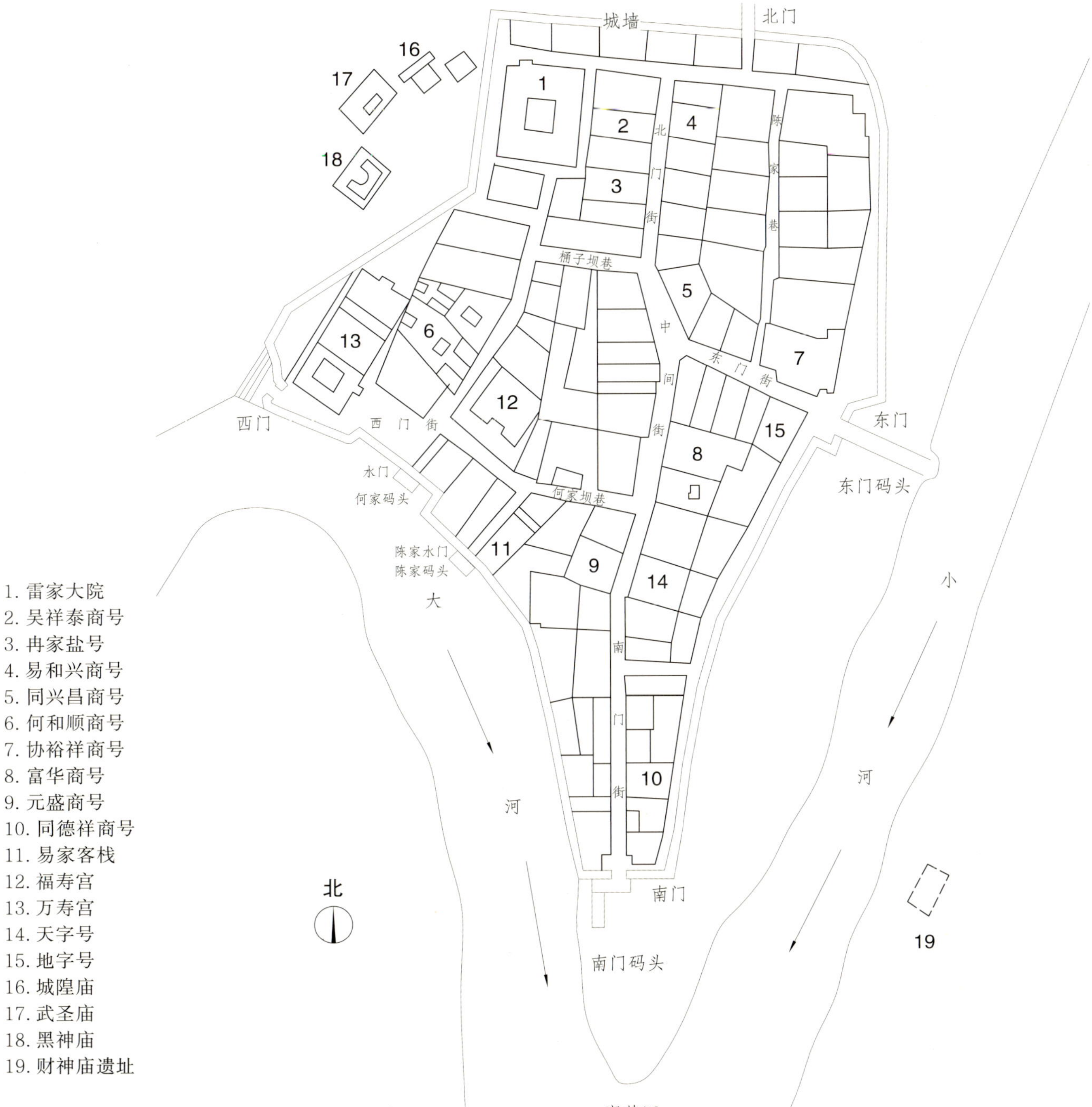

⊙寨英镇总平面示意图

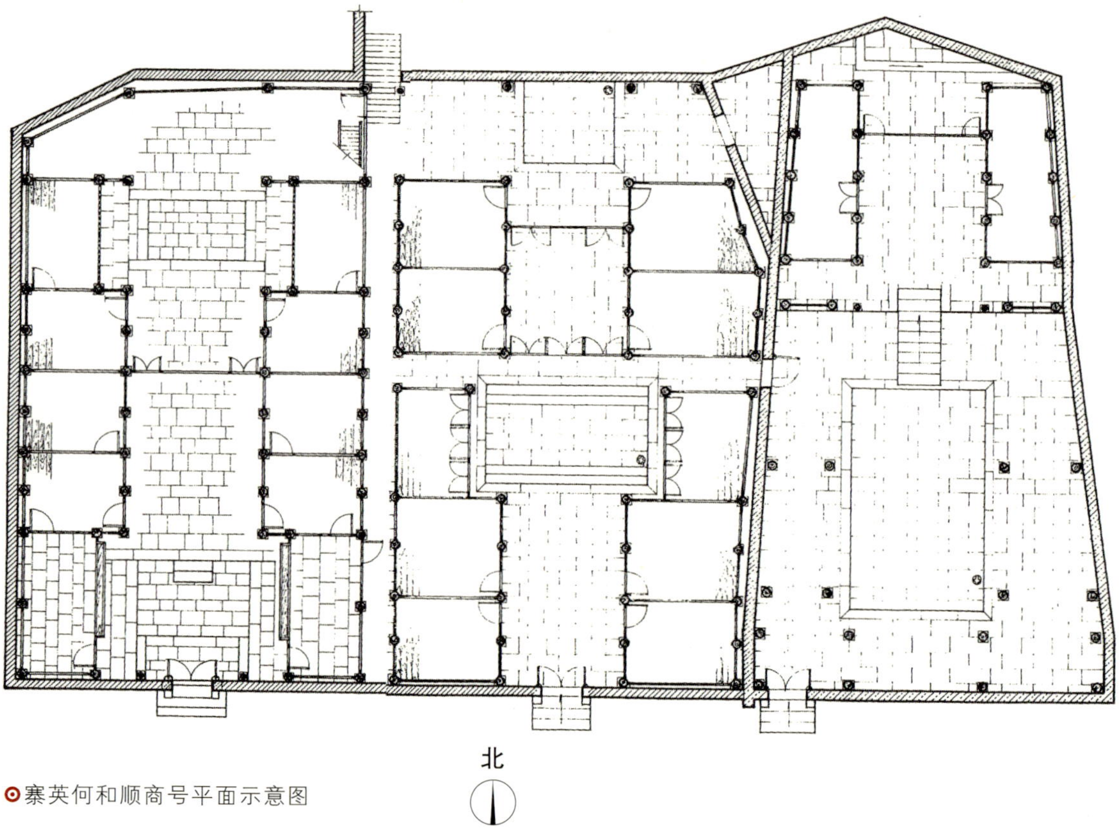

寨英何和顺商号平面示意图

寨英易和兴商号立面图

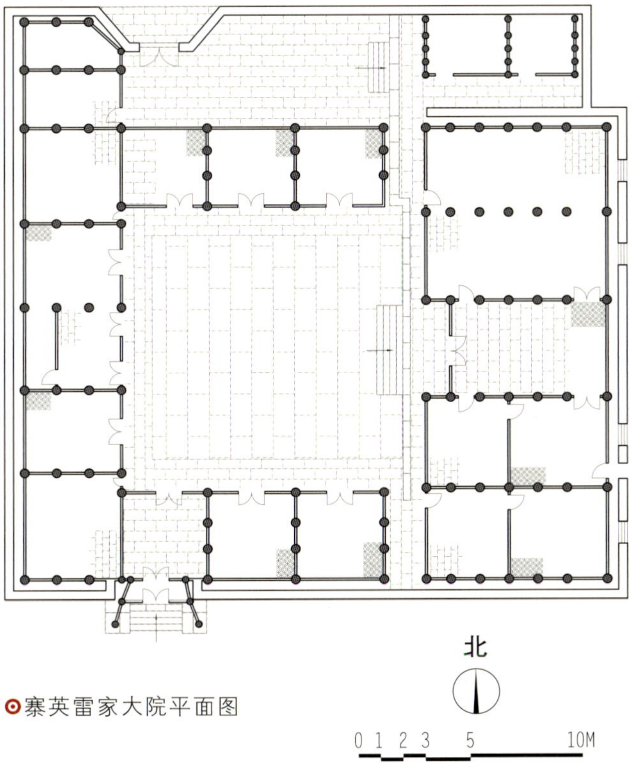

⊙寨英雷家大院平面图

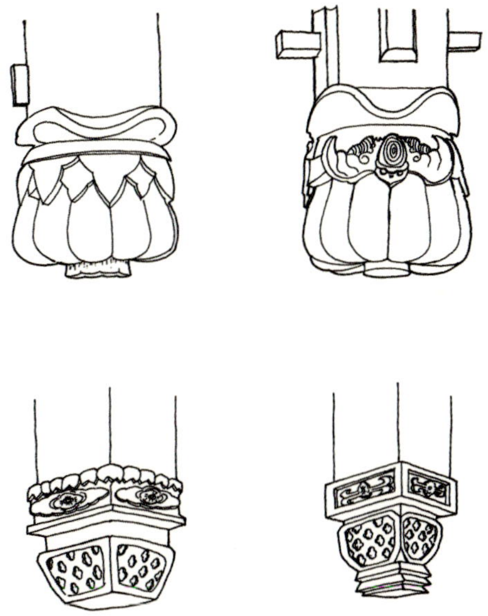

⊙寨英古建筑垂花柱效果图

⊙寨英雷家大院横剖面示意图

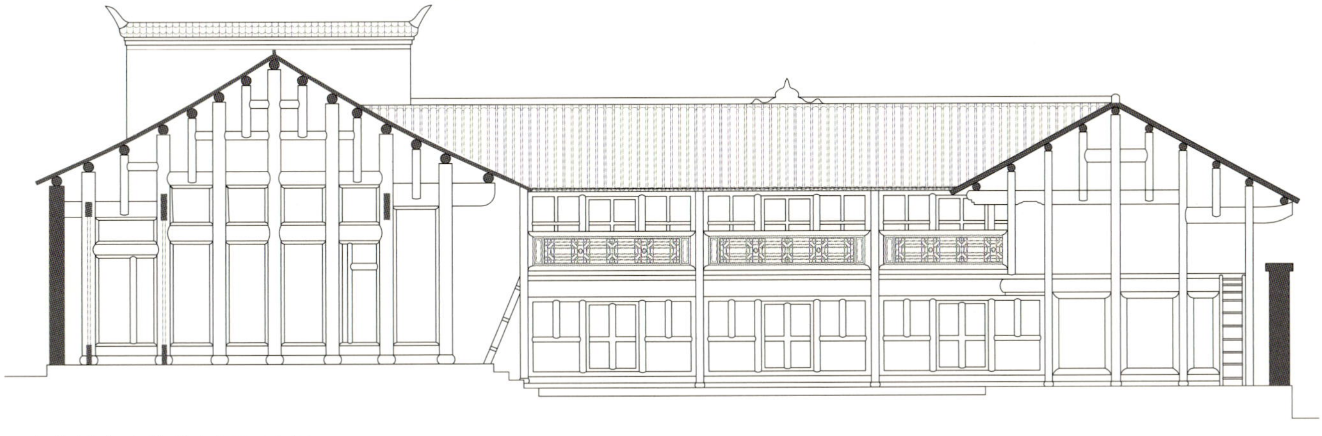

⊙寨英雷家大院纵剖面示意图

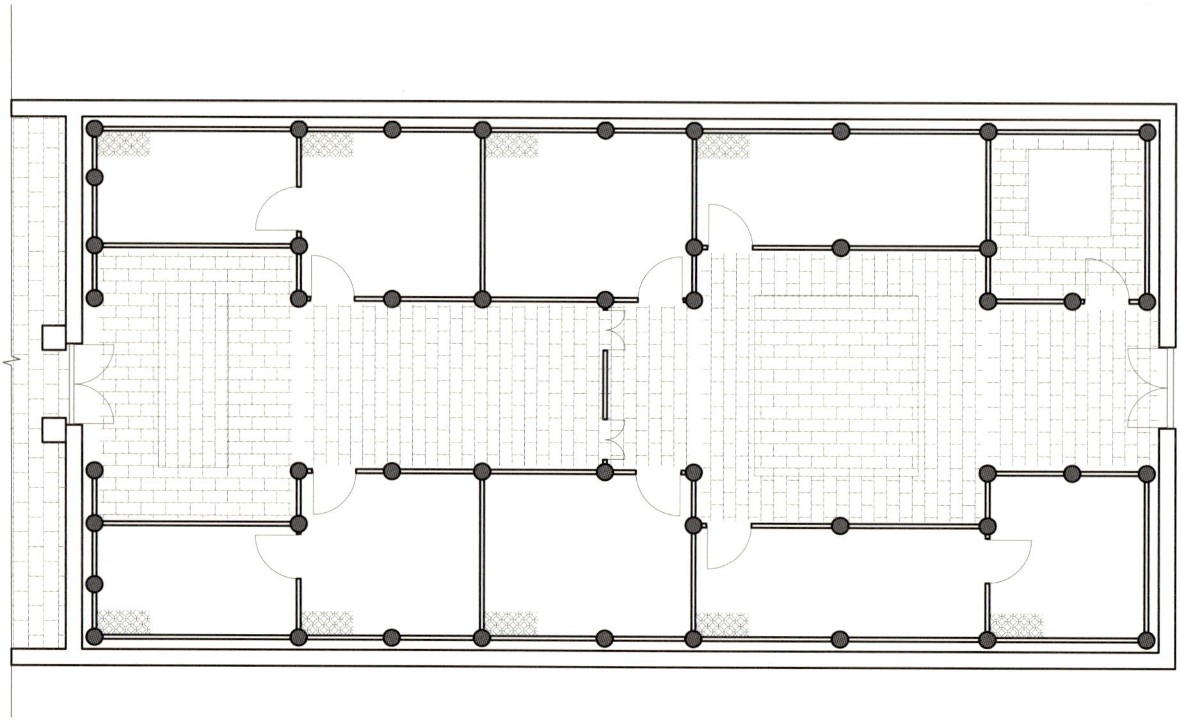

寨英元盛商号平面示意图

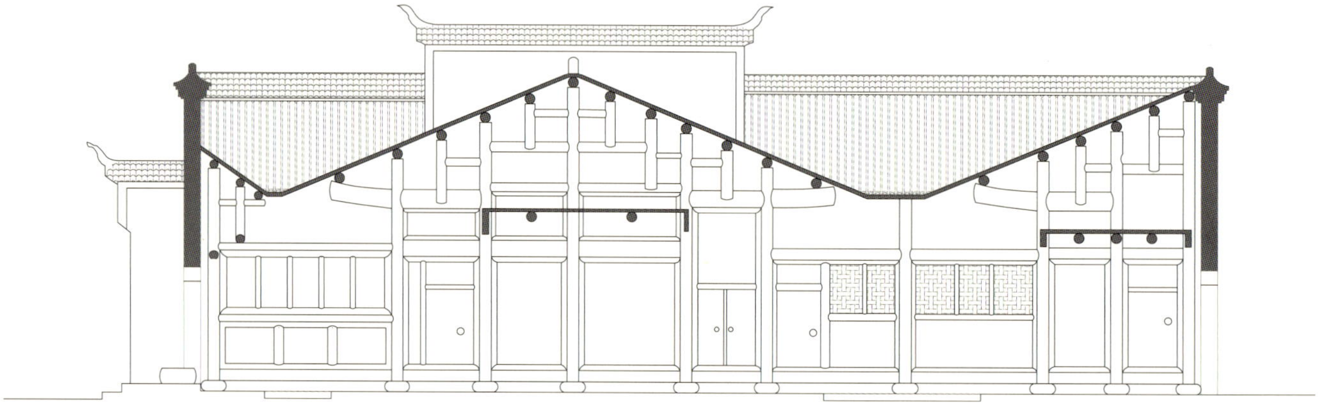

寨英元盛商号剖面示意图

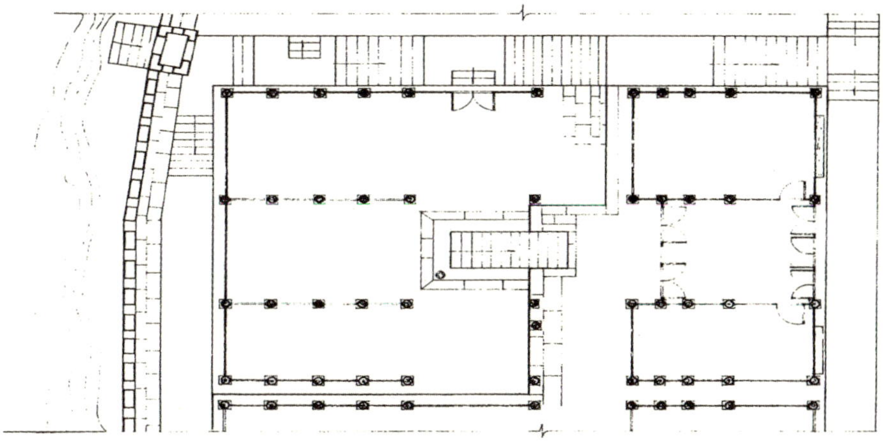

易家客栈平面示意图

0 1 2 3M

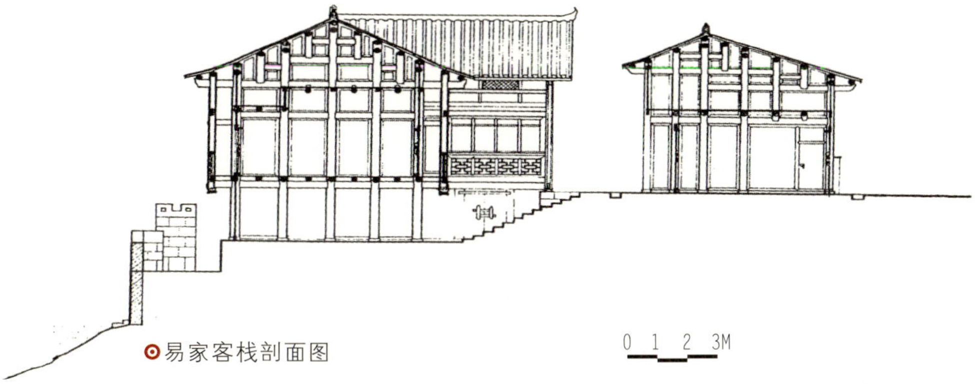

易家客栈剖面图

0 1 2 3M

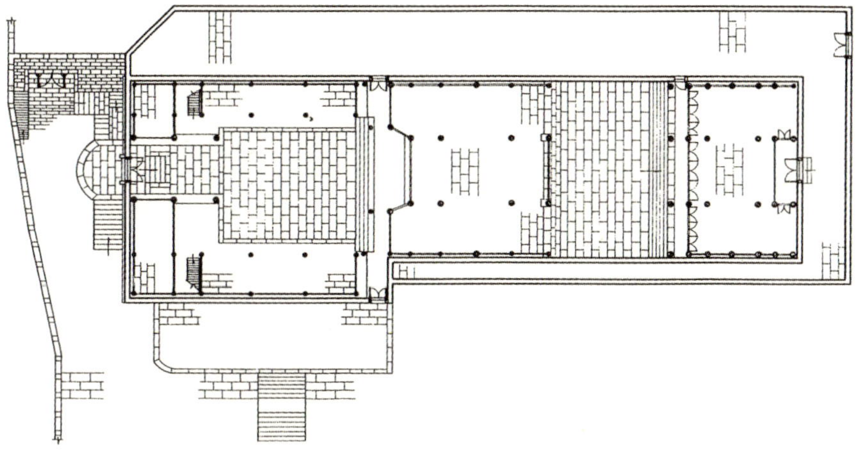

万寿宫平面示意图

0 2 4 6M

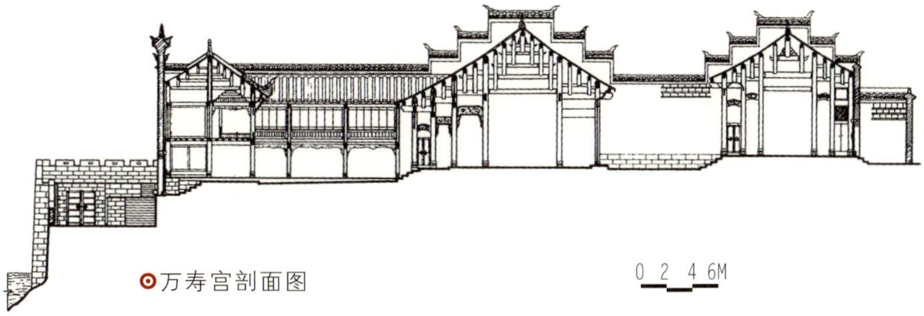

万寿宫剖面图

0 2 4 6M

万寿宫外墙

万寿宫大门

万寿宫遗址

⊙东门街是最主要街道，全长 53.3 米，宽 3.5 米，青石板铺设

⊙民居多为木结构

民居多为苗族风格木结构

商号内景

商号内天井

商号内景

⊙商号天井雕花回廊

⊙商号天井

⊙商号天井

石库门风格的商号大门

商号内院

婚，昔日民族矛盾十分尖锐的区域，逐步成为和睦相处、“耦俱无猜”的地方。与新寨近在咫尺的边墙村，有块《周公泉记》碑，记载了苗族村民与汉族军民联手兴修水利、惠及一方的历史，从这个侧面也反映了清嘉庆年间的民族关系。碑文说：“正大营城中苦无井，距城数里之边墙苗寨有山泉涓涓一滴，居民远赴取汲甚艰。边墙寨向有泉眼，水发时可通至北门城边，因民苗情不甚洽，重于开挖，废井仅存。今营属苗情效顺，与民耦俱无猜，黔东道观察周炜传集民苗人等亲往相度，捐廉鸠工以濬之，筑高堤以蓄其势，遂成巨塘，溢流沟浍，一时民苗欢声沸腾，无不感颂周公之德。”

中华人民共和国成立后，中国共产党实行民族平等、团结进步政策，新寨苗族村民生活水平和文化水平大大提高，特别是在文化教育方面，取得惊人成绩，涌现出40多名大中专毕业生，其中大专生占半数以上，还史无前例地出了博士生和硕士生。抚今追昔，两种民族政策，两种不同结果。新寨，是苗族村民艰苦奋斗、自强不息的历史见证。

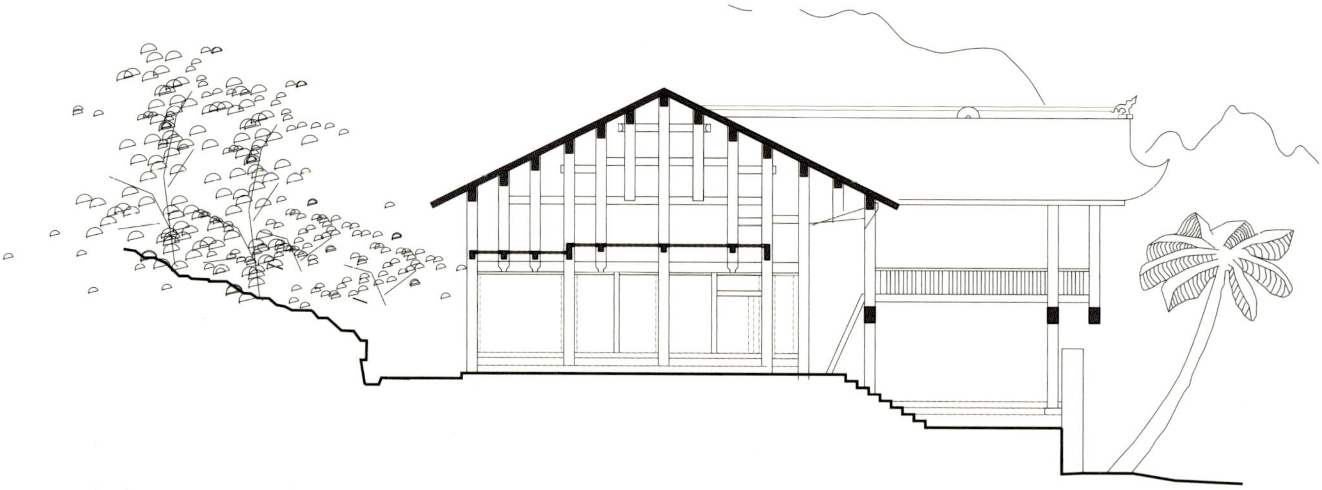

新寨一正一厢民居剖面图

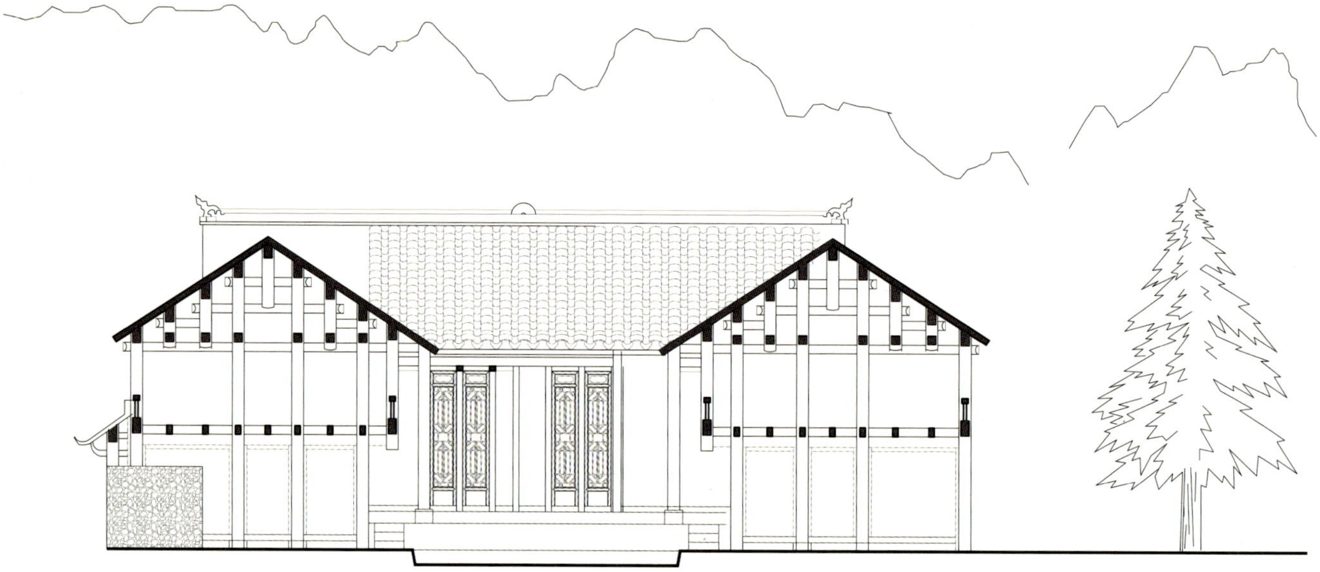

新寨一正两厢民居正立面图

新寨三户共垣墙民居正立面图

吊脚楼群

西江千户苗寨随山势建寨，建筑形态与山体形态一致

三开间吊脚楼外置楼梯

五开间吊脚楼

五开间带耳房吊脚楼

寨子中央是铜鼓坪暨芦笙场，地面是用鹅卵石铺设的仿古代铜鼓面十二道太阳光芒和飞奔骏马的图案，图为踩铜鼓舞

吊脚楼

吊脚楼

⊙吊脚楼

⊙吊脚楼

⊙巷道

⊙巷道

⊙寨门口迎宾酒，苗族寨门具有防灾避邪、保寨平安的作用，同时这里也是迎送宾客的场所

青龙洞与祝圣桥

青龙洞古建筑群

祝圣桥始建于明洪武二十一年（1388），桥上东起第 3 孔与第 4 孔之间建有三重檐八角攒尖顶魁星楼，又称“状元楼”

镇远民居多为当地人称之为“印子屋”的三合院、四合院，高大的封火墙形成封闭式建筑，平面布局酷似“一颗印”

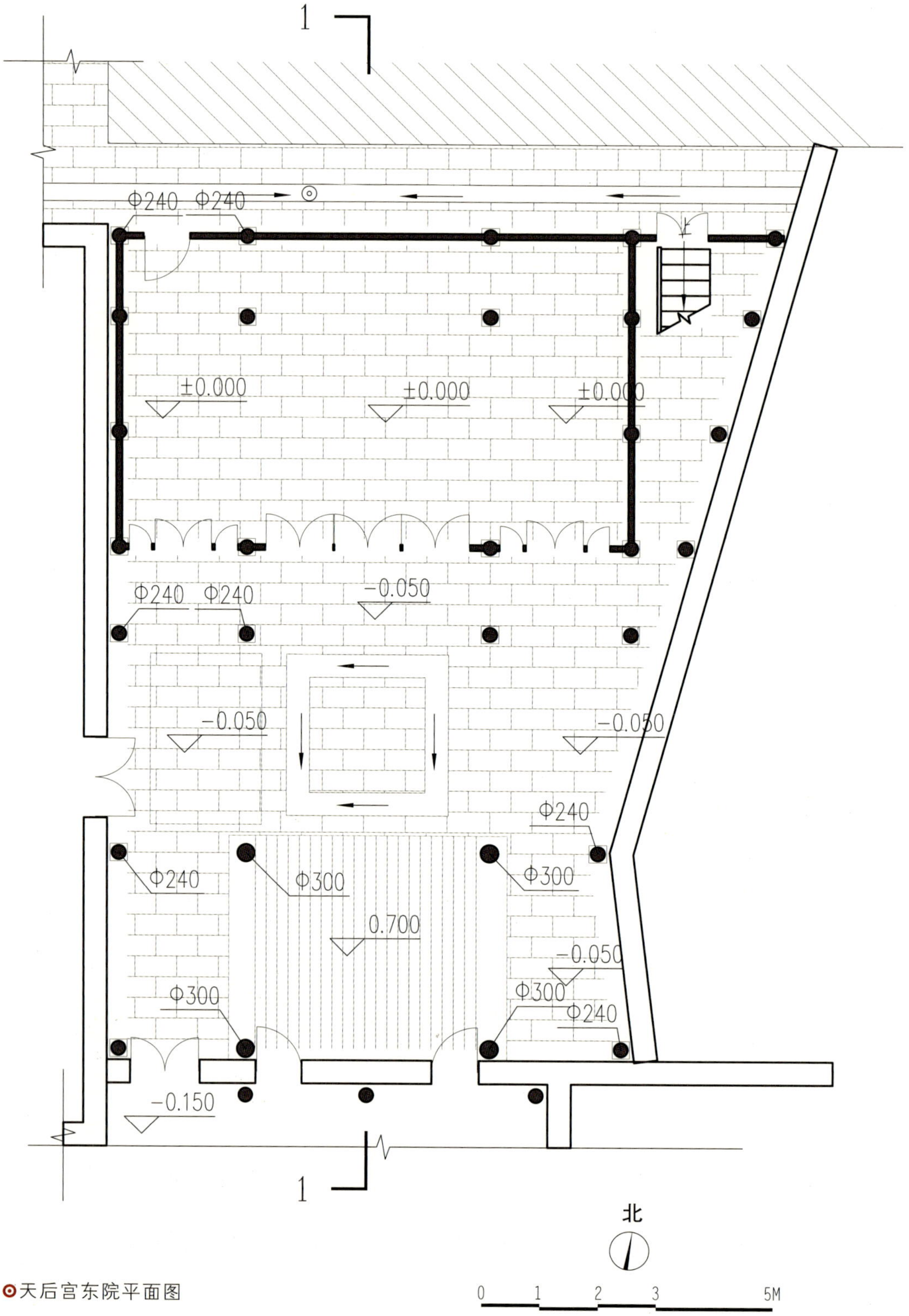
1
Φ240 Φ240
±0.000
±0.000
±0.000
Φ240 Φ240
-0.050
-0.050
-0.050
Φ240
Φ240
Φ300
Φ300
0.700
-0.050
Φ300
Φ300
Φ240
-0.150
1
北
0 1 2 3 5M

⊙天后宫东院平面图

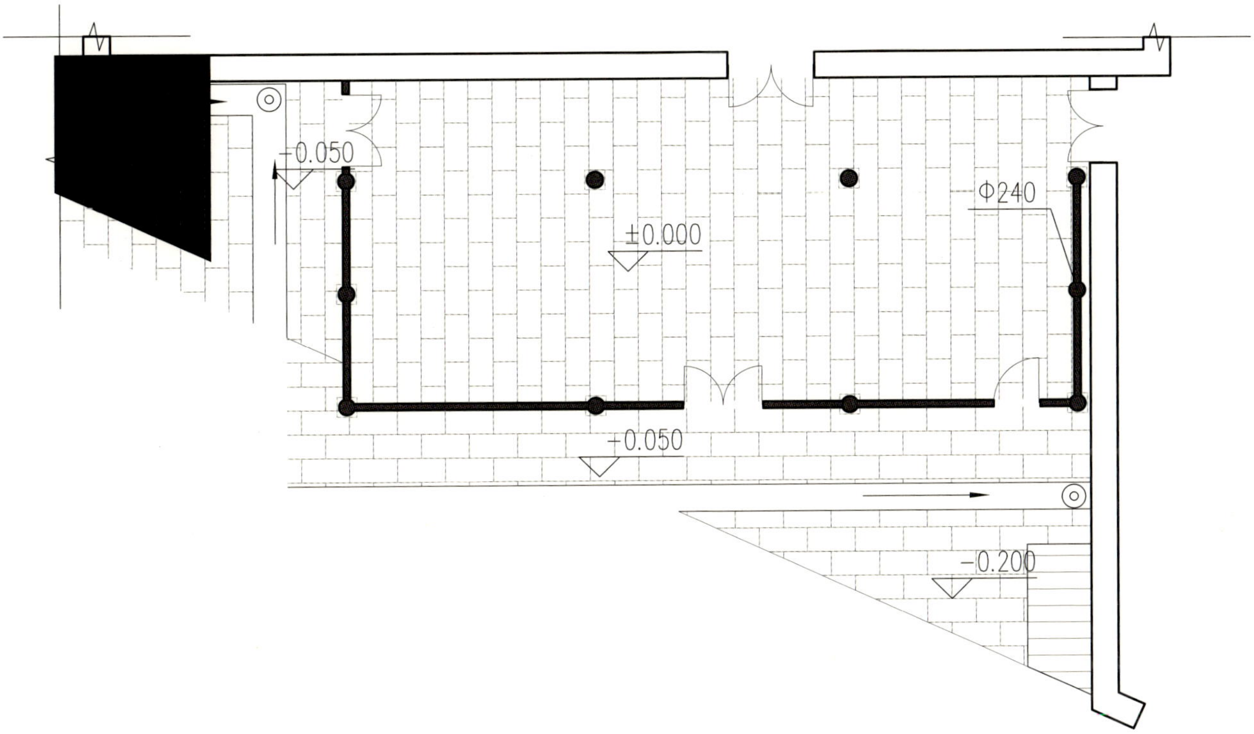

⊙天后宫膳房一层平面示意图

0 1 2 3M

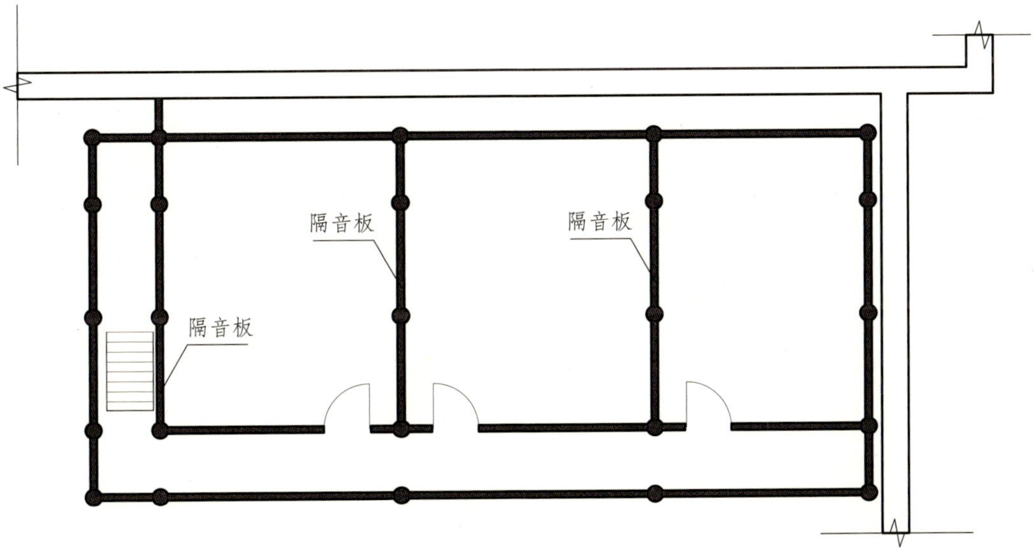

⊙天后宫膳房二层平面示意图

0 1 2 3M

⊙周达文故居大门

⊙巷道内门楼

⊙周达文故居

傅氏民宅内景

傅氏民宅大门

巷道内四方井

新修建的兴隆街

猪槽井

旧州镇

黄平县旧州镇，位于县城西北方。历史悠久的黄平县，有“新州”“旧州”之分。黄平旧州，位于㵲阳河畔，地势平坦，土地肥沃，素有“黔东粮仓”之称，享有“金盆、银碗、玉带、圣水”之美誉。㵲阳河从旧州流经施秉、镇远、玉屏，注入湖南省，直到洞庭湖，水路交通便利。不过，有段时间，施秉境内的“诸葛洞”不能通行，一度影响了黄平水运。诸葛洞在施秉城东约6千米处，㵲阳河流经其地，穿滩三重，“如入篷底，如居瓮中”，故有“瓮篷洞”之称。因受石障、滩陡所阻，舟楫过此，必须“盘滩”，民谚叹之曰：“要得瓮篷开，除非诸葛来。”遂将“瓮篷洞”改名“诸葛洞”，河滩随之改称“诸葛滩”，峡亦谓之“诸葛峡”。诸葛洞崖壁上的众多摩崖石刻以及夹岸数百米古代纤道，迄今完好，为省级文物保护单位。在“诸葛峡”南岸崖壁上，原有武侯祠，俯瞰诸葛滩。《镇远府志》载：“武侯南征，欲凿瓮篷洞以通漕运，尝驻扎于此。”其实诸葛亮并未到此，只因世人企望“瓮篷洞”畅通无阻，建武侯祠祭祀诸葛亮，始建年代不明。《施秉县志》载：“光绪十年，邑人募捐重修。”正殿大门有石刻楹联：“兵消而水亦消，电扫飙驰，万里江天通一线；民悦则神必悦，蛮歌佐舞，两宫庙祠感千秋。”武侯祠左下侧有“铜鼓湾”。相传诸葛亮为凿开险滩“瓮篷洞”，曾驻跸于此，并修将房，建马厩，大有“瓮篷不开誓不罢休”之势。牂牁郡丞朱褒唯恐失去天险，终日派兵骚扰。为智退朱褒士兵，诸葛亮将铜鼓置于水潭中，崖上滴水冲击鼓面，咚咚有声，宛若金鼓齐鸣，吓得朱褒士兵不敢接近，于是瓮篷开通。为感诸葛功德，当地苗族村民将滴水击鼓处，称为“铜鼓湾”。

黄平旧州坐落在旧州坝子南部的㵲阳河畔，洪武二十五年（1392）以石砌筑城，周九里三分，有城门三座，东为从政门，西为通远门，北为武胜门。旧州城为狭长形，主街为西街，分为西上街、西中街、西下街三段，贯通全城，是历史上最繁华的商业街之一。黄平旧州，从古至今是商业重镇，街面地基寸土如金，因而临街民居建筑和佛寺、道观、会馆、祠堂等建筑，都向纵深发展，成为颇具特色的多进“印子屋”。清代，修建工程浩大，两江、两湖、福建、四川等地能工巧匠汇集于此，便有了独特的“木匠街”之名，并沿袭至今。一般民居建筑都有精美的雕饰。最为深邃的民居，当推西门外长庚街的“韩永记”。这栋住宅共有24个天井，建造精致，时有民谣云：“远看像座庙，近看永记号，整的买不起，拆散有人要。”国家历史文化名城专家委员会秘书长王景慧在考察黄平旧州后赞叹不已："黄平旧州古镇的建筑规模、数量、工艺，是我在西南看到最好的一处，特别是街道之宽阔，足以说明它当时的繁荣和辉煌。"

旧州古建筑群不但数量多、规模大，而且建造设计颇具匠心。位于西下街北侧的朱氏民宅，上房的"吞口"间，精湛的木雕工艺集中在此体现。大门门楣饰以"双凤朝阳"，雕骑马花牙子，两旁窗子雕有"琴棋书画""渔樵耕读""天官赐福""福在眼前"等内容的花饰。"吞口"两侧次间的长方形窗子，雕有"五福捧寿"图案。这些造型优美、技术精湛、刀法娴熟、线条流畅的木雕，实属古代建筑雕刻中的上乘之作。"古镇一条街"的两侧临街民宅共18幢，其后为高封火墙"印子屋"，进数不一。印子屋独特的设计，使其内住房防火、防盗有了绝对保障，即使前院失火也无大碍。

旧州镇古道四通八达，由西南经过平越（今福泉）可达贵阳，由北途经余庆可通四川，由东北经过施秉与湘黔驿道相连。旧州镇为水陆交通交会点，货物集散地。据《黄平州志》记载，当年每天往返商船不下500只，日停泊100余只。当时旧州镇，商贾云集，生意兴隆，省外商人纷纷在旧州镇修建自己的会馆。如福建商人修建福建会馆天后宫；江西商人修建江西会馆万寿宫、仁寿宫；四川商人修建四川会馆崇福宫、万天宫；湖广商人修建两湖会馆禹王宫；江南商人修建江南会馆江南阁等。至今保存完好的有天后宫、仁寿宫、万天宫。

天后宫位于西下街南侧，始建于道光十七年（1837），咸丰五年（1855）毁于兵燹。光绪九年（1883）重建，光绪二十七年（1901）扩建。原有牌楼大门、戏楼、前两厢、正殿、后两厢、后殿等。高封火墙围护，占地1202平方米。现存正殿、两厢、后殿等，建筑面积519平方米。仁寿宫位于中街中段北侧，始建于乾隆五十一年（1786），咸丰年间毁。光绪十四年（1888）重建。有戏楼、前两厢、正殿、后两厢、后殿等，占地面积1106.9平方米，建筑面积959平方米。万天宫位于西门街南侧，建于光绪二十三年（1897）。原有牌楼大门、戏楼、两厢、正殿等，占地面积1028平方米。本地商人在旧州城街面建起自己的多进"印子屋"及经商柜台，形成旧州"古建一条街"。此外，还有修建于其间的寺、观、庙、祠。在仅1.4平方千米的城区内，就有"九宫、八庙、三庵、四堂"，和临街而建的民居古建筑群与随处可见的古街、古巷、古码头，可以想象当时旧州车水马龙的繁荣景象。

在近现代，黄平旧州镇曾与两次历史事件产生密切的联系，对研究中国革命史具有一定的意义。一是中国工农红军长征途经黄平旧州，播下革命的火种；二是抗日战争时期，国民政府在美国的帮助下，在黄平旧州镇、思南、遵义、独山修建飞机场。黄平旧州镇飞机场位于旧州镇王坡寨，占地2000平方米。1938年10月，抗战进入相持阶段。国民政府为建立西南大后方的防御体系，决定在黄平旧州镇兴建野战机场。1939年秋开始勘测，1941年动工兴建，1943年完成第一期工程并开始启用。1944年，美军提供战略物资和技术人员，中国投入10多个县10余万劳动力，合力将其扩建为甲级航空站机场。1945年3月完工。机场在抗战时期为中美空军重要军事基地，常驻著名的美国"飞虎队"（即美国第十四航空队）800余人，日起降飞机100余架次。"飞虎队"战机在黄平旧州镇机场频频起降，先后参加了湘西会战、衡阳保卫战等著名战役。

⊙幢幢林立的古民居马头山墙，表明古镇昔日商贾云集，市井繁华，经贸发达

⊙福众桥

⊙朱氏民宅前的店铺

⊙朱氏民宅天井

朱氏民宅匾额与花窗

朱氏民宅天井花园

朱氏民宅内景

始建于乾隆五十一年（1786）的仁寿宫戏楼

商号达发源天井

⊙商号达发源回廊木雕细部

⊙商号达发源回廊木雕细部

⊙商号达发源花园围墙装饰

⊙江氏宗祠

⊙王氏宗祠门楼

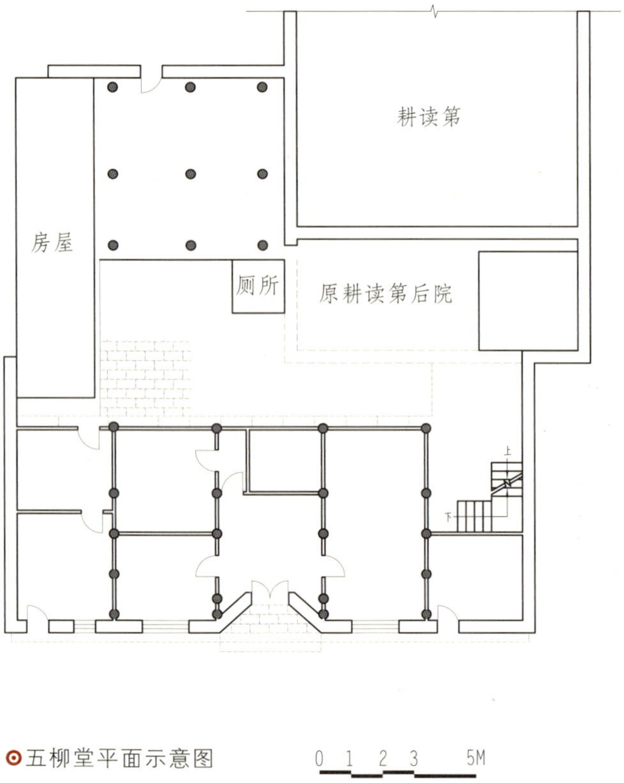

⊙五柳堂平面示意图

⊙五柳堂八字大门

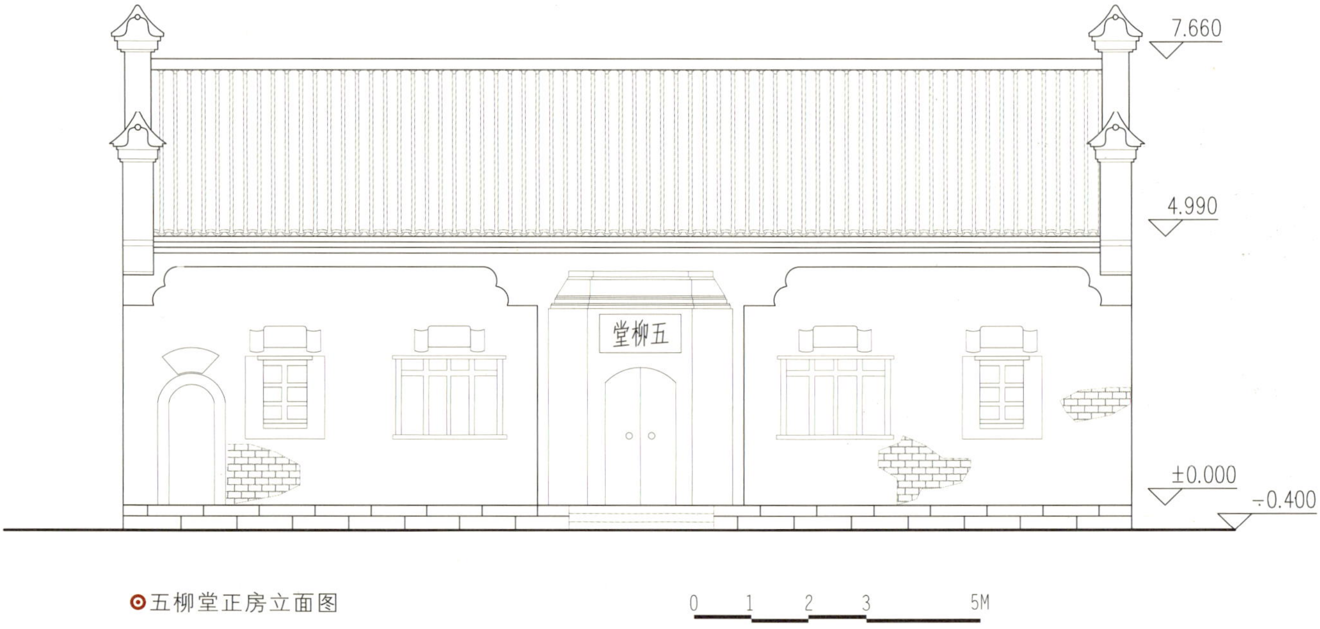

⊙五柳堂正房立面图

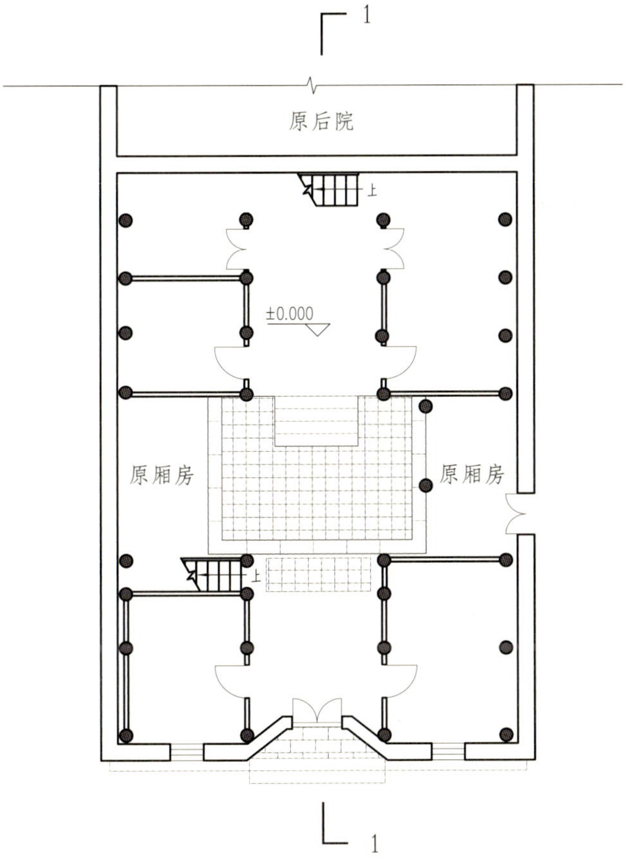

⊙耕读第平面示意图 0 1 2 3 5M

⊙耕读第八字大门

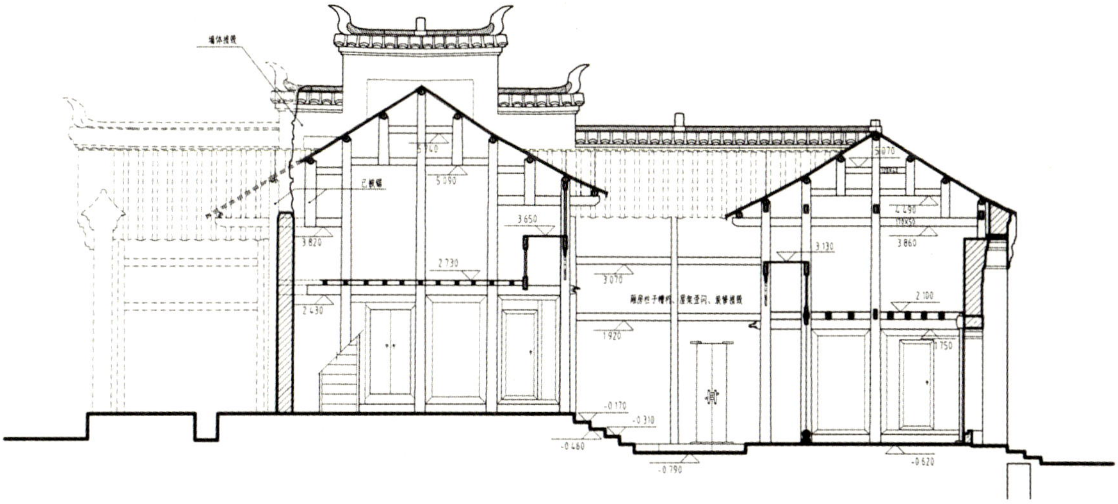

⊙耕读第剖面图 0 1 2 3M

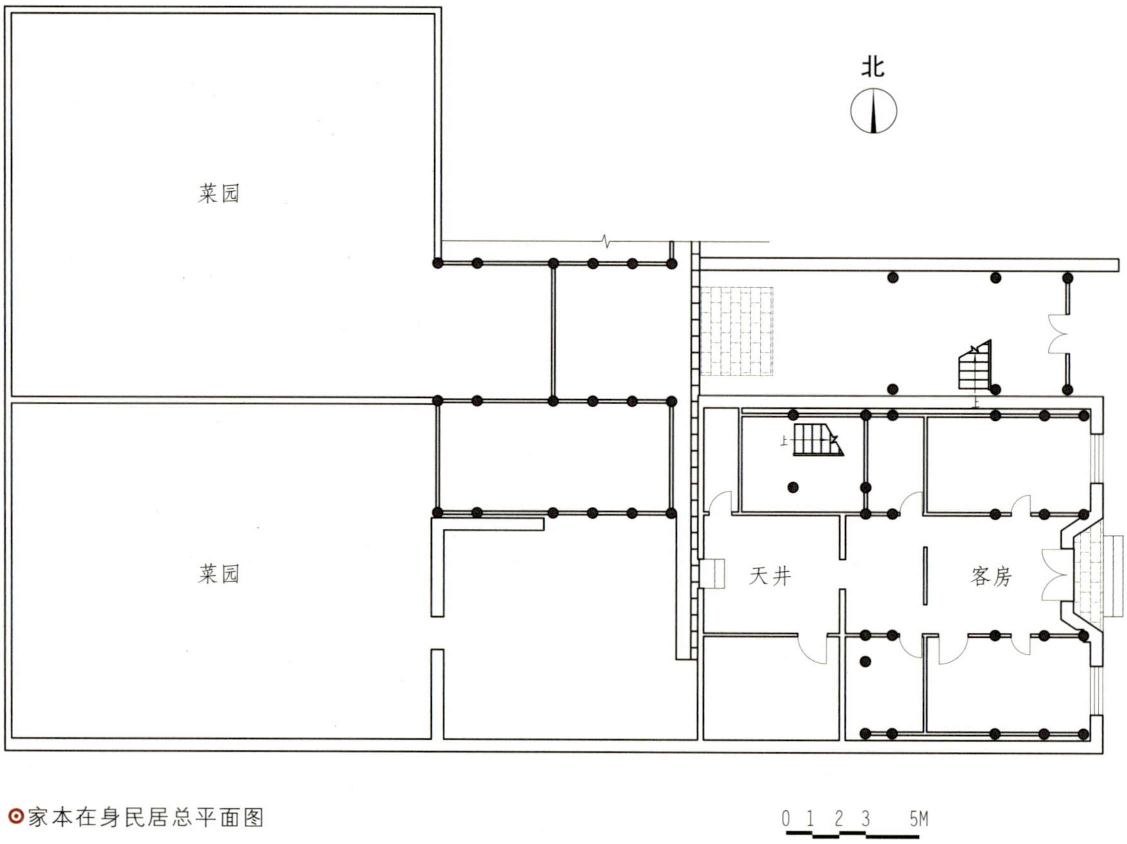

⊙家本在身民居总平面图

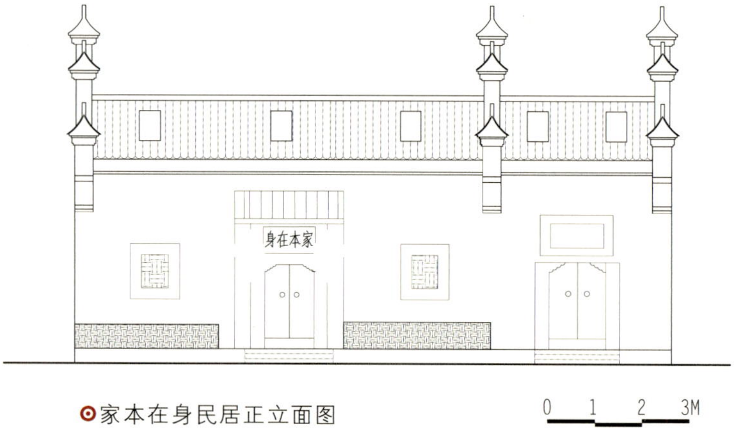

⊙家本在身民居正立面图

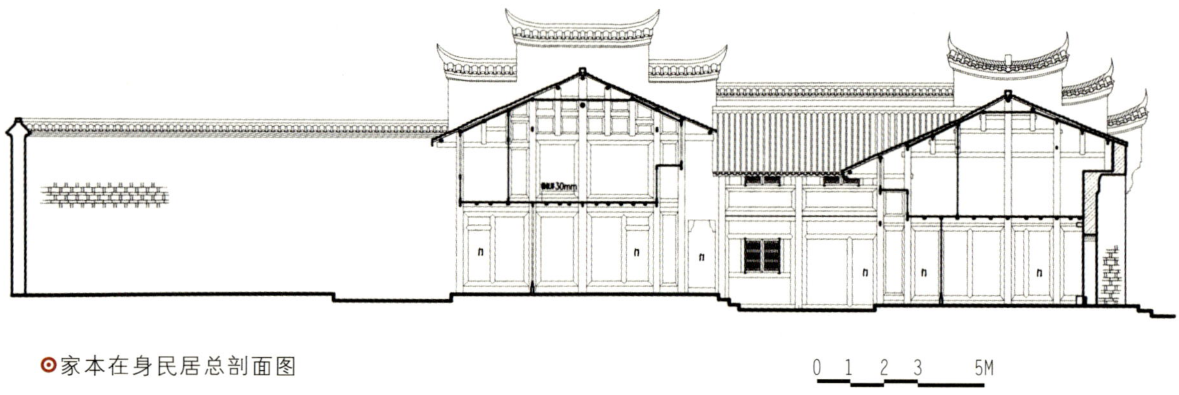

⊙家本在身民居总剖面图

⊙家本在身民居八字大门

⊙书香第

⊙槐堂世瑞民居

⊙三槐第

会稽世第

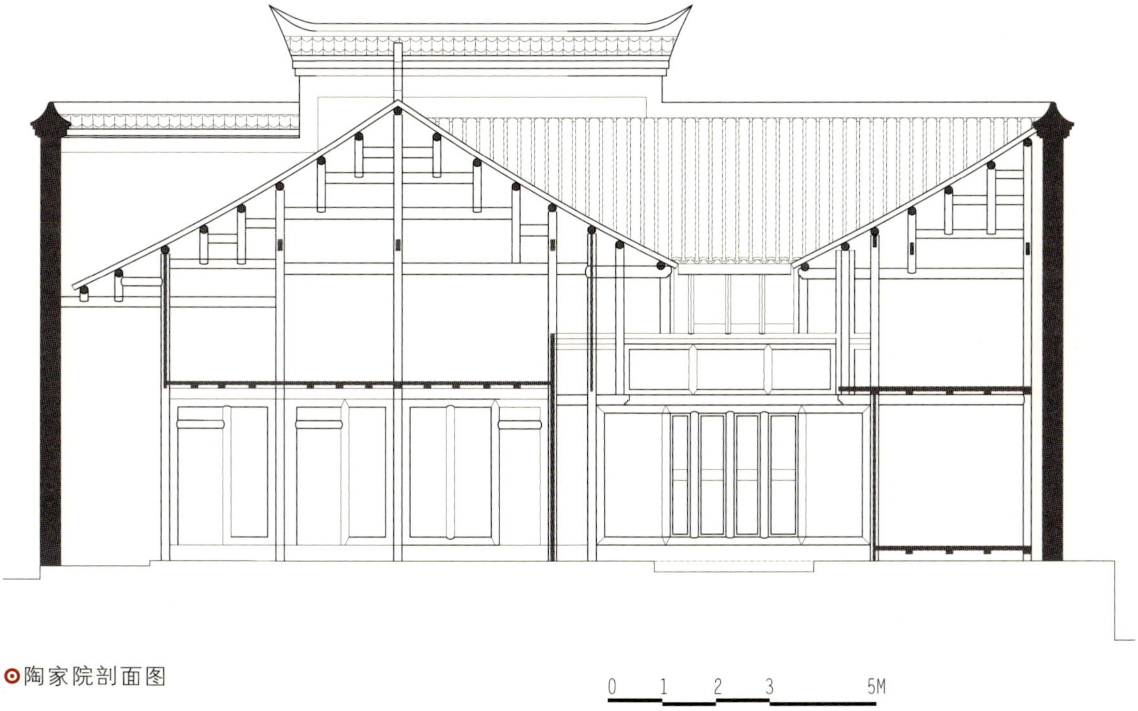

陶家院剖面图

东门背面

⊙肇兴村共有 5 个大“房族”，住在紧密相连的 5 个自然村寨中

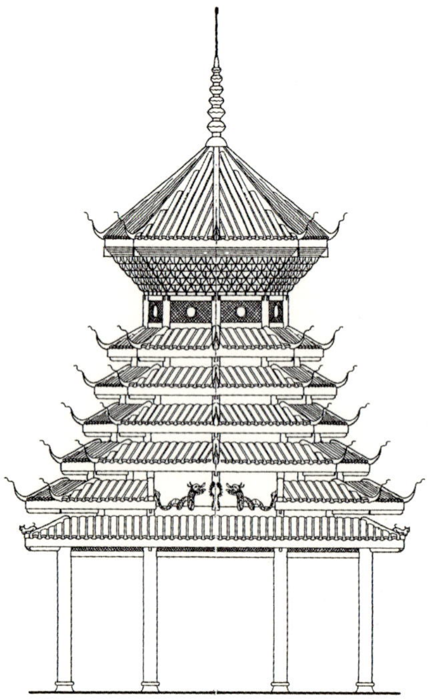

⊙仁团鼓楼立面图 0 1 2 3M

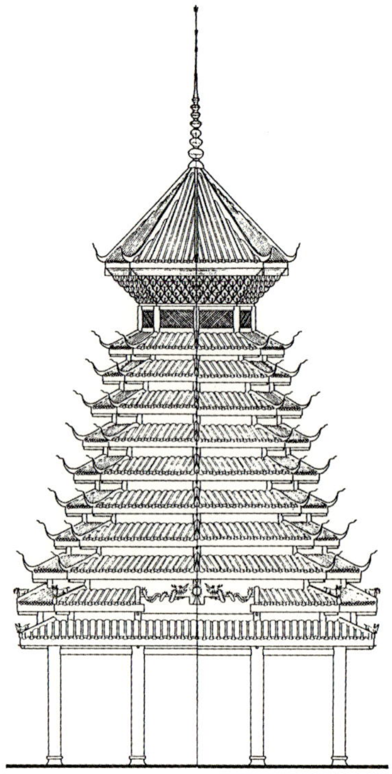

⊙义团鼓楼立面图 0 1 2 3M

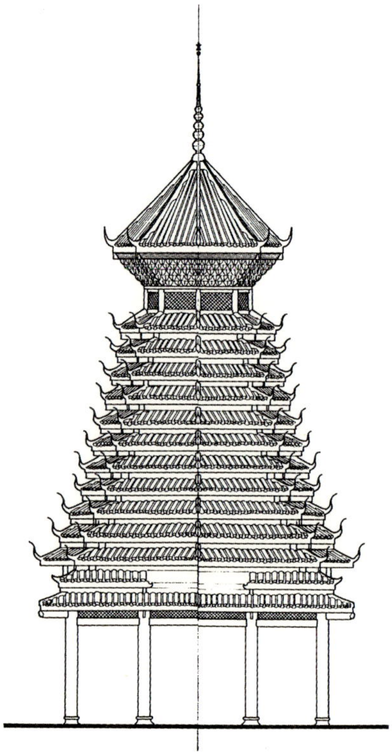

⊙礼团鼓楼立面图 0 1 2 3M

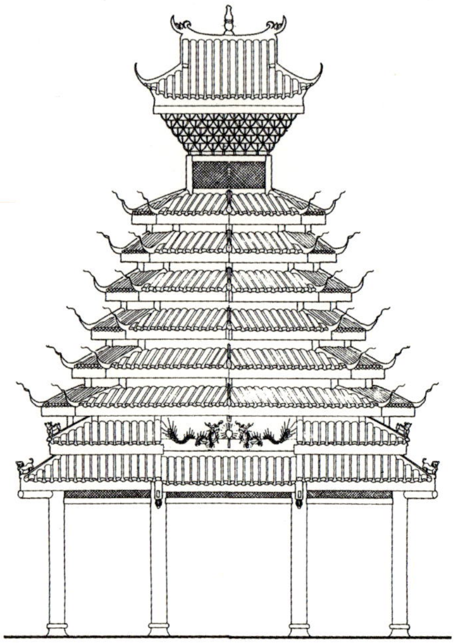

⊙智团鼓楼立面图 0 1 2 3M

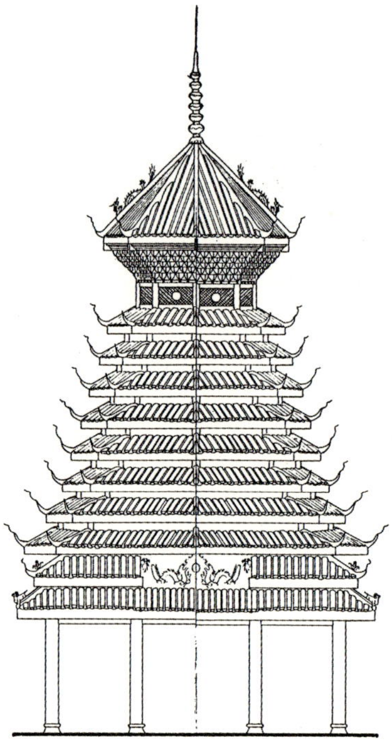

⊙信团鼓楼立面图 0 1 2 3M

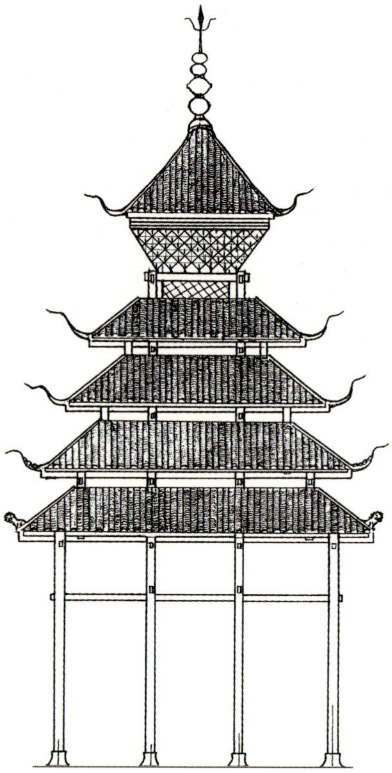

⊙纪堂寨鼓楼正立面示意图

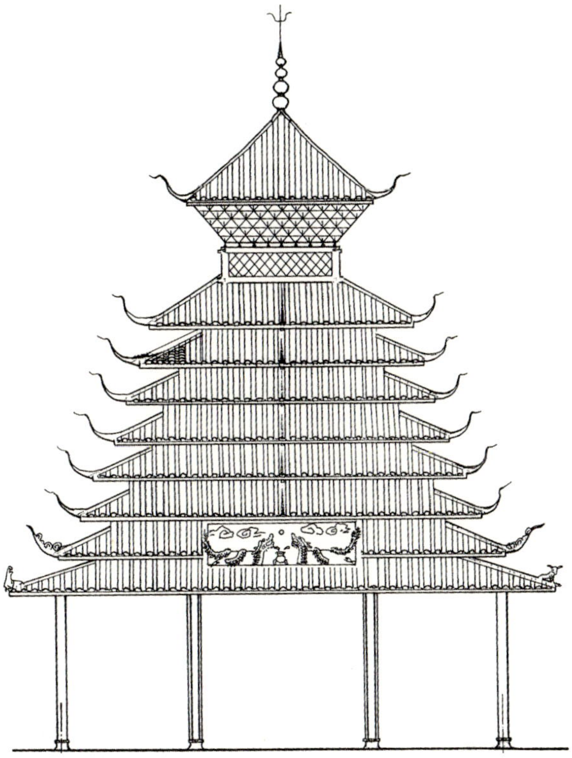

⊙纪堂上寨鼓楼正立面示意图

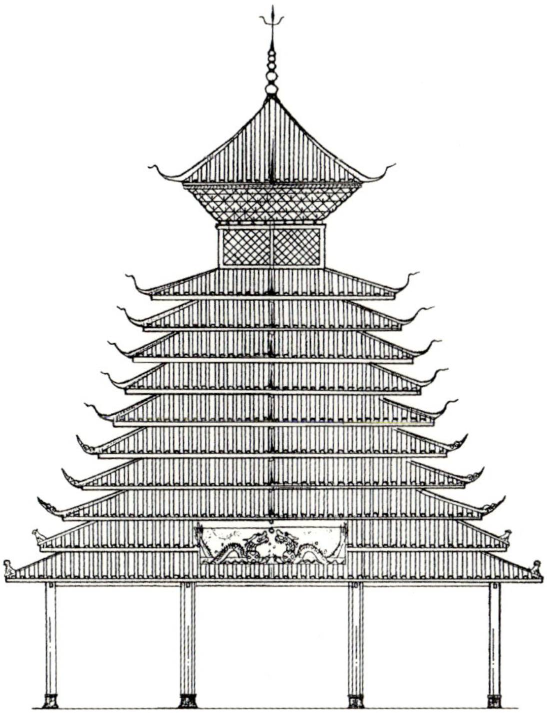

⊙纪堂下寨鼓楼正立面示意图

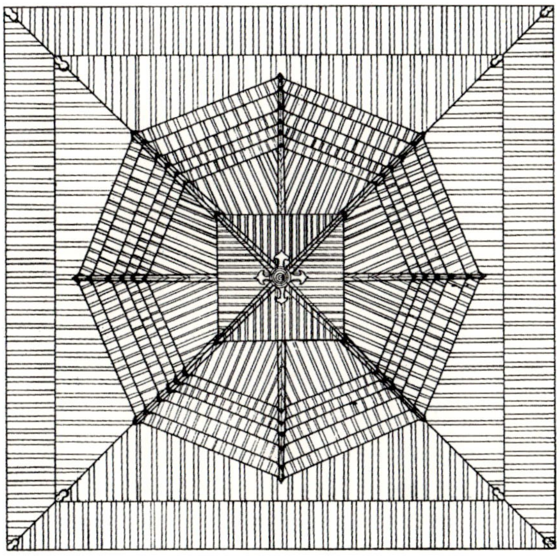

⊙纪堂上寨鼓楼楼顶平面示意图

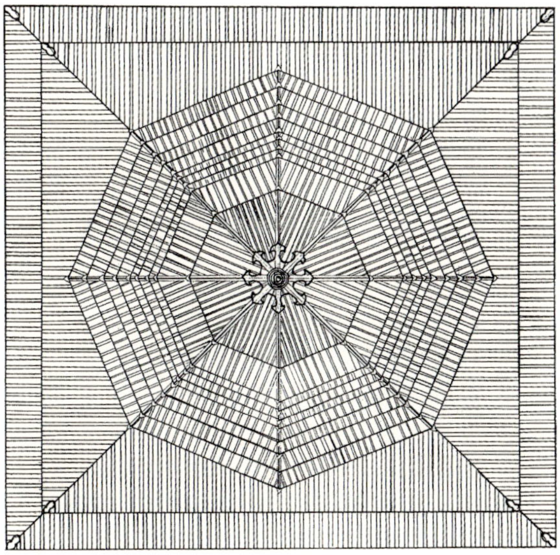

⊙纪堂下寨鼓楼楼顶平面示意图

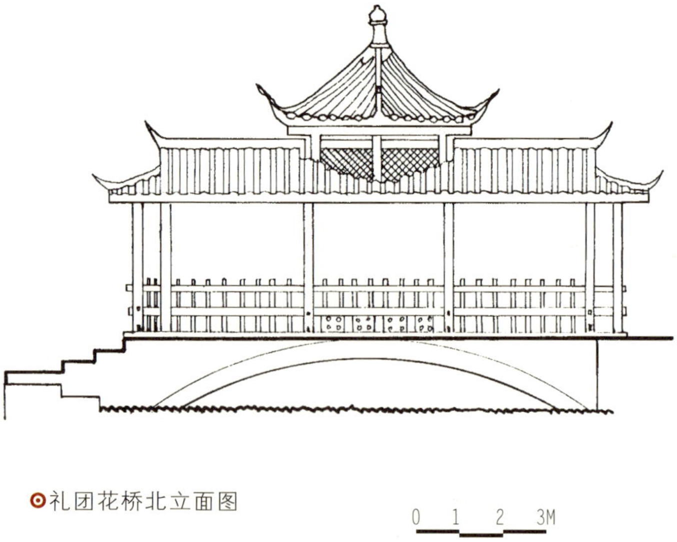

⊙礼团花桥北立面图

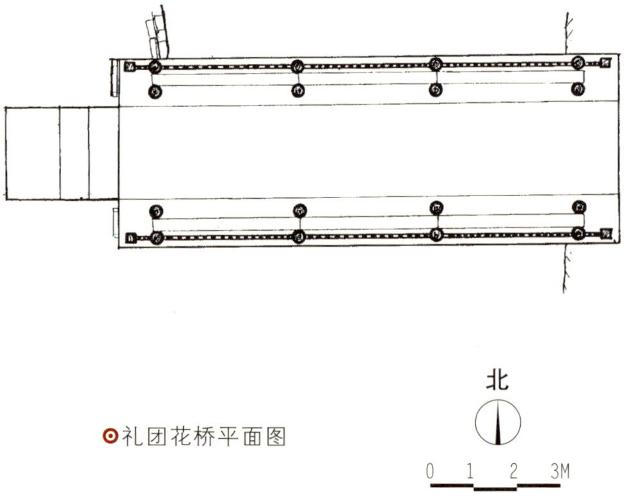

⊙礼团花桥平面图

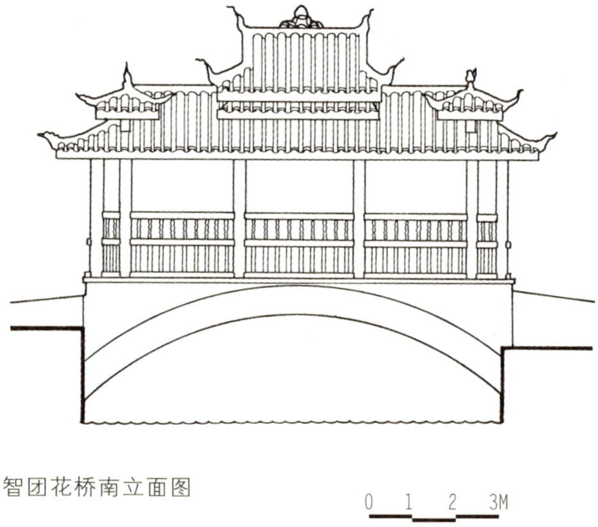

⊙智团花桥南立面图

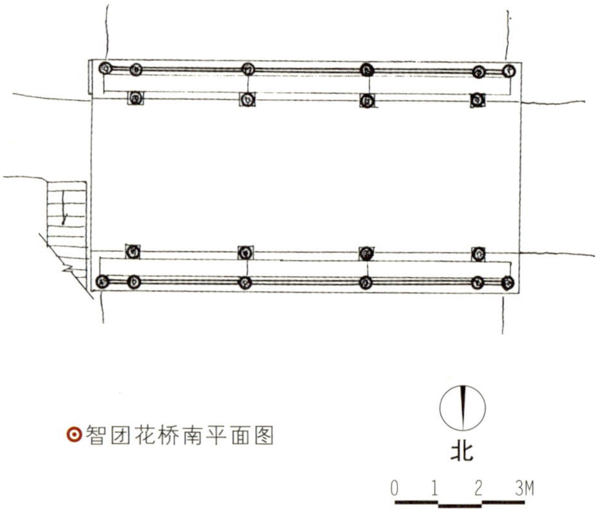

⊙智团花桥南平面图

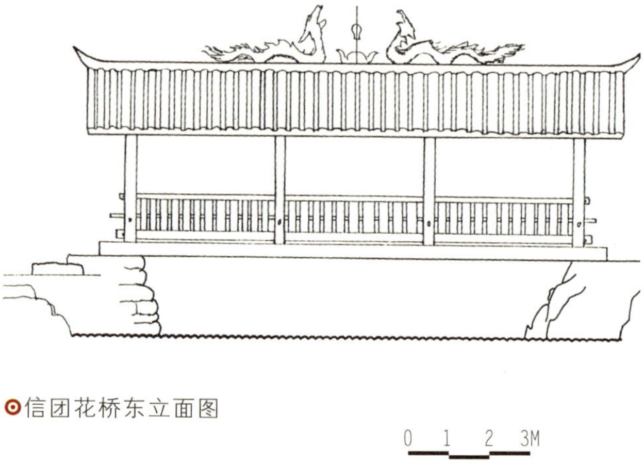

⊙信团花桥东立面图

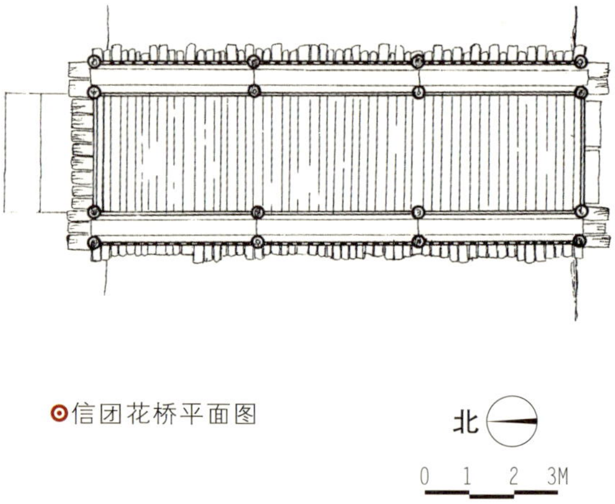

⊙信团花桥平面图

⊙义团戏台南立面图

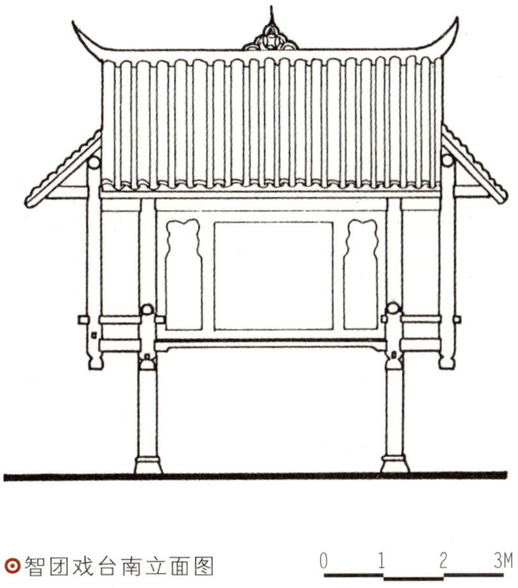

⊙智团戏台南立面图

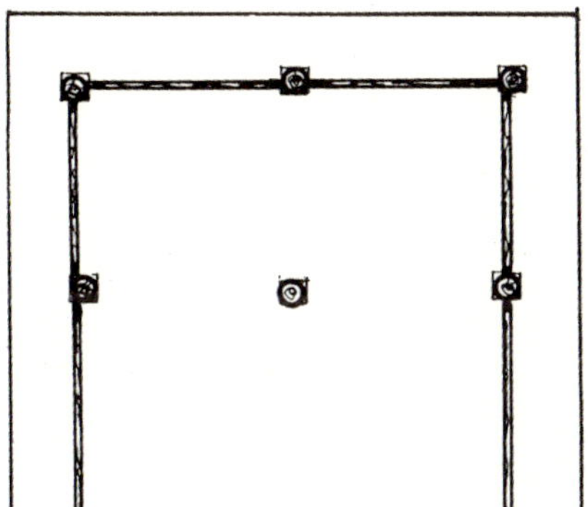

⊙义团戏台平面图

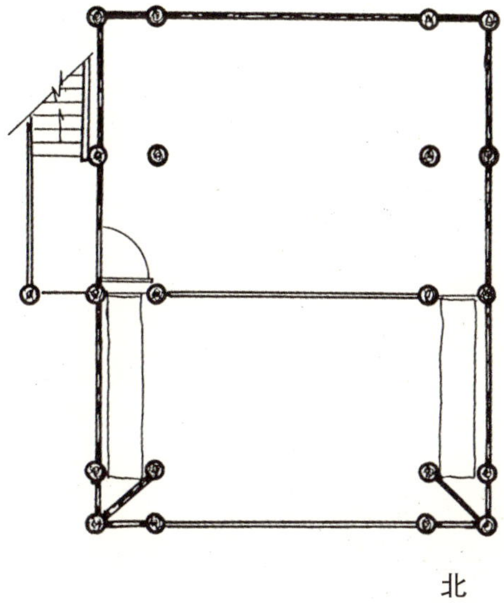

⊙智团戏台二层平面图

⊙寨门

⊙义团戏楼

⊙义团鼓楼，十一重檐八角攒尖顶，高 25.8 米

⊙智团鼓楼，九重檐八角歇山顶，高 14.9 米，占地 77.3 平方米

连接寨子间的花桥

⊙信团花桥

信团花桥

义团花桥

⊙义团花桥

⊙溪边鳞次栉比的吊脚楼

⊙仁团鼓楼与花桥

⊙吊脚楼均用杉木建造，有的屋面覆盖杉木树皮

⊙手工制布

⊙溪边吊脚楼

吊脚楼下

手工制布

新复建带鼓楼的花桥

⊙新复建的花桥带有鼓楼

⊙信团花桥

⊙信团花桥

⊙肇兴村山景

德凤镇

侗族地区最有名气的古镇，首推贵州省省级历史文化名镇——黎平县德凤镇。德凤镇之所以能登上省级历史文化名镇的宝座，除了与黎平会议有关外，其历史文化也非常丰厚，特别是中国历史文化名街“翘街”，其保存的历史文化信息极其丰富。

德凤镇所在地地势不太平坦，城内分布有许多小山坡，民居、店铺因山就势修建。在两个小山坡之间，由一条繁华的街道相连接，中间路段稍低，两端路段略高，很像一根扁担两头翘，因而称之为“翘街”。1934年12月14日11时，中央红军进入德凤镇“翘街”。

红军在德凤镇留下许多具有纪念意义的遗址，最为重要者，首推黎平会议会址。该会址前低后高，当街而立，前后三进。第一进当街为店铺，第二进为住宅，第三进为后院。店铺左侧山墙竖向行书“锅鼎瓷器”四字，左右窗子墙壁竖向行书“绸缎布匹”“苏洋广货”“各种名酒”“京果杂货”等字。第二进院，一正两厢，上下两层，正房面阔三间，木雕工艺精湛，图案多为龙凤之属。第三进院为宽敞幽静的后花园，山墙上雕塑吉祥瑞兽等造型。整栋住宅及店铺，内辟八个天井，占地面积800余平方米，至今保存完好。1982年黎平会议会址被贵州省人民政府公布为省级文物保护单位后，进行了全面维修，并于1984年黎平会议召开50周年之际正式对外开放。其内辟有文物陈列室。大门上悬挂的“中央政治局黎平会议会址”贴金木匾，为陈云手书。2006年，黎平会议会址被国务院公布为第六批全国重点文物保护单位。

在德凤镇，除了黎平会议会址外，还有许多文物古迹，最重要的是何腾蛟祠、何腾蛟墓、“神鱼井”、南泉山等等，它们都与抗清名将何腾蛟有关。

何腾蛟（1592—1649），字云从，黎平人。明天启元年（1621）中举，任山西榆次教谕官。崇祯九年（1636）调任河南南阳知县。十一年（1638）升京都大兴令，复升兵部职方主事、员外郎中，后出任淮徐兵备佥事。十五年（1642）任湖北郧阳军门。南明时期，坚持抗清斗争，先被“福王”封为兵部侍郎，总督湖广、四川等省军务，后被“唐王”拜为东阁大学士兼兵部尚书，又被封为“定兴伯”。“唐王”被擒，“桂王”继位，拜何腾蛟为武英殿大学士，加封太子太保衔，旋又封太师，升侯爵。与李自成旧部联合抗清，曾一度收复湖南大部。后因投降清军的部将引领清军进入湘潭而被俘。拒绝降清，绝食7日，自缢而死，被永历皇帝追赠为“中湘王”，谥号“文烈”。史载，何腾蛟死后被一僧人收尸掩埋，但仅作标记而未垒土为坟。清顺治十八年（1661），和尚将此事告知何腾蛟侄孙，将其移葬湘潭唐兴湾。康熙十四年（1675），为旌表何腾蛟的“忠君”气节，获旨将其遗骨迁回故里，安葬于城西“西佛崖”。从康熙十五年（1676）至光绪七年（1881）的200多年间，何腾蛟墓历经多次维修，墓丘、享堂、精舍保存完好。20世纪50年代，逐步拆除原有建筑，但墓丘尚存。

何腾蛟祠，位于德凤镇忠诚巷南侧，始建于清乾隆四十年（1775）。光绪八年（1882）重修。坐南朝北，由门楼、享堂、后室组成，占地面积421平方米，建筑面积约200平方米。享堂面阔五间，进深三间，穿斗式木结构硬山青瓦顶。后室面阔五间，进深三间，穿斗式木结构硬山青瓦顶，周边有封火墙围护。今为省级文物保护单位“何腾蛟墓祠”的组成部分。

德凤镇有许多与何腾蛟有关的传说，家喻户晓的是“神鱼井”。据《黎平府志》记载，何腾蛟生时，一条鲤鱼从水井底部岩洞中游出，乡人捞回家中油煎，半边焦黄而不死。正欲翻转，鱼在锅中翻滚，井水猛涨作浪。乡民惊恐，将鱼放回井中，井水顿时平复，鱼儿戏水觅食。何腾蛟卒后，“神鱼”隐去，不复出现。“神鱼井”至今仍在继续使用中。井位于“何腾蛟祠”右前方，修建于明洪武年间，平面呈长方形，长3.02米，宽1.25米，井口以6根青石望柱、6块青石栏板围护，望柱高0.65米，栏板高0.35米。井台占地面积29.6平方米，可供6人同时取水。

如今许多地方，人们用上自来水，便逐渐遗弃了水井，但黎平县德凤镇则不然，人们在使用自来水的同时，依然保护、使用古井。最为可贵的是，德凤镇保存的许多古井，有的就在黎平会议会址所在地的“翘街”上。“翘街”全长1千米，形成于明清时期，街两侧建有大大小小的“印子屋”115组，多为封火山墙青瓦顶四合院建筑，占地面积约2万平方米。主街之外，还有巷子13条，均以青石铺垫。受到居民妥善保护并仍在继续使用的水井，为“翘街”历史文化街区增添了几多神韵。放眼望去，两排当街而立、装饰精美的古店铺前，一口口清澈见底的水井疏密有度地镶嵌在街边石阶上，酷似“太平缸”。人们跨过井旁水沟即可移步上街。街道两旁，即是店铺和民居。许多民居院内还有水井，有的就建筑在“印子屋”即四合院的天井内，用水非常方便。可以说，德凤镇内许多人家，尤其是黎平会议会址所在地的“翘街”上，人们简直就生活在水井世界中。

德凤镇内古井数不胜数，除了遐迩闻名的“神鱼井”外，还有“蓑衣井”和“鉴泉”等有铭文的水井。“蓑衣井”位于镇南蓑衣冲，建于清光绪十四年（1888），平面呈方形，边长1米许，占地面积约1平方米。井口以石板砌筑，北面石板上刻有“府正堂”三字。井旁立有功德碑，高1.28米，宽0.65米，记修建泉井之事及捐资人姓名。“鉴泉”位于镇北磨刀湾，因为可以当作镜子使用而得名，建于清同治二年（1863）。泉眼上嵌石刻一方，青石质，竖长方形，高0.85米，宽0.68米，竖向楷书阴刻“鉴泉”二字。下款楷书阴刻“清同治癸亥十月”。黎平德凤镇许多古井，既可观又实用，充分展现古城历史风貌和侗族的风土民情，是不可多得的自然、文化遗产。德凤镇保护古井，历史文化生辉，着实令人欣慰。

南泉山，因山上有清冽泉水涌出而得名。明初于山上建庙，后毁。明万历三十四年（1606）、清嘉庆元年（1796）重修。道光年间、光绪三年（1877）维修。原有庙宇三重，自下而上为报国寺、灵宫殿、宝顶庵，另有天香阁、南泉亭等。天香阁，曾为何腾蛟少年时代读书处。现存报国寺，坐南朝北，二进院落，由山门、禅房、韦驮殿、观音殿、两厢、正殿组成。禅房为吊脚楼，两层，穿斗式木结构悬山青瓦顶，面阔五间，三面有廊。观音殿，面阔五间，穿斗式木结构悬山青瓦顶。正殿二层，面阔五间，穿斗式木结构悬山青瓦顶。南泉山寺，今为省级文物保护单位。

⊙明清时期城府周围筑有城墙城门，图为东门

⊙东门街内的民居门楼

两端略高，中间稍低，由一条繁华街道相连接的“翘街”

翘街上店铺招牌

⊙陈云旧居

⊙黎平会议会址

⊙南泉山寺山门

⊙南泉山寺大雄宝殿

创建于清嘉庆二十三年（1819）的两湖会馆门楼

⊙民居内天井

⊙翘街上民居木雕构件

⊙翘街上的民居山亭第

⊙山亭第内景

神鱼井

水井

翘街上的水井

⊙翘街民居与水井

增冲村

从江县的增冲寨，位于从江县西北部，是往侗乡属下的一个侗族自然村寨。增冲是个老寨子，曾为公社（乡）驻地，现时是一个村，有154户，813人，姓石的最多，占总人数的80%。村中有一座很高很大的鼓楼，鼓楼内可聚集许多村民。

在雄伟壮观的鼓楼上，悬挂有几块木匾，其中一块是清道光七年（1827）制作的。鼓楼内，竖有三块石碑，一块立于清康熙十一年（1672），一块立于清道光七年（1827），一块立于清光绪二十二年（1896）。

据村民说，1978年10月，县里拨款2000元维修过鼓楼。楼上有鼓，用杉木制成，有五尺长，直径一尺，两头蒙上水牛皮，一头报警，一头报喜，或召唤村民开会。有客人来，也敲击鼓，呼唤迎接。开会、唱歌、摆故事、吹芦笙，都在鼓楼内进行。有人犯错误，要当众认错，也在鼓楼里宣布。白天，鼓楼里有凉水给众人喝；冬天晚上，鼓楼内都烧火，众人烤火聊天。

鼓楼内的《万古传名》碑为残碑，残高0.85米，宽0.6米，残存500余字。碑文尚可辨认的有："男女俱无，应当结子，招婿上门，承鼎家烟……偷牛马，挖墙拱壁，禾谷鱼，共罚钱十二千文正……男不愿女，女不愿男，出纹银八两，钱一千七百五十文，禾十二把正……强奸妇女，嫁去丈夫，共出银三千三百文赔理……男女坐月，身怀六甲……男女坐月，男出银女出布为凭，罚银一两四钱……拐带，父母不愿，赔酒水十件、肉一盘洗面……横行，大事小事不得咬事俱控，如有多事等，罚银五十二两……偷棉花、茶子罚钱六千正。偷柴瓜、割蒿草、火烧山，罚钱一千二百文……"碑文记载的是青年男女通过"行歌坐月""男出银、女出布为凭"明确关系后而毁约，"罚银一两四钱"。恋爱期间即"身怀六甲"或"强奸妇女，出钱三千三百文赔礼"。失火烧毁自家房子，"用猪两头退火神"；如殃及"四五家、十余家，除猪两头外，加铜钱三百三十千文"等乡规民约。该碑立于清康熙十一年（1672）。

另一块碑依稀可见："引进油伙等项，罚银二十四两正……失火烧自己的房子，用猪两头退火神……若临寨四五家、十余家，猪两头外，加铜钱三百三十三千文。"这一块碑也是乡规民约碑，碑文楷书阴刻，16行，满行35字，计500余字。第三块碑记"男女无生育者，可接养他人子女；准招婿上门；不可私灭子女，虐待老人……"等乡规民约，立于清光绪二十三年（1897）。此碑方首，高1米，宽0.6米，厚0.07

米，额题“遗德万古”四字。

鼓楼上有多副对联：“粼粼碧波映日月；荡漾川流抱侗乡”“松柏青翠春常在；锦绣山峦好春光”“古楼声声今又是；芦笙曲曲凯歌扬”“鱼米之乡将更美；仙女下凡厌天堂”“名楼艺高，雕龙画凤，映照碧树，千秋永盛；侗寨秀丽，精文就武，辅佐英才，万代长春”“龙凤呈祥，楼阁直耸冲霄汉；风云聚会，山峦起伏绕碧波”“物华天宝，龙楼凤阁，交辉呈异彩；人杰地灵，山清水秀，世代显鳞波”“百福龙宫，聚众议事击金鼓；万福凤阁，集民歌舞庆玉楼”。

鼓楼是什么时候修建的已不知晓，但道光五年（1825）、光绪二十二年（1896）、1953年维修过三次是确定的。土地改革，鼓楼没有受到破坏。1959年，曾撤下鼓楼上的木匾，当黑板用。“文化大革命”时，有人要拆除鼓楼，因群众反对，幸免于难。

增冲鼓楼平面呈八边形，占地100平方米，通高20余米，为木结构五层十三重檐八角攒尖顶。底层4根金柱通顶，其外8根檐柱环列，周边环绕木质栏干。楼内4根金柱构成全楼的核心，周围8根檐柱及各层瓜柱构成外环框架，内外相佐，上下相连，左右相接，稳固和谐。为使外形富于变化，巧妙采用增加瓜柱和挑枋的手法，使内部结构与外部造型达到完美的统一。由底层上二楼，无固定楼梯。二楼开辟有搭建楼梯的孔道，遇事可架设独木楼梯登上二楼。二楼以上安有固定的木板楼梯，梯梯相连，直达五楼。五楼悬挂一面长鼓。鼓以整根木料掏空、两头蒙上牛皮而成。由专人掌管，无事不得敲击。遇有重要事件，登楼击鼓通报，众人闻声而至。击鼓报信有报喜报警之分，村民可以从鼓点的节奏，得知是喜是警。

鼓楼集社会、文化、交际活动于一体，其功能至少包括十个方面：一、聚众议事。遇有大事要事，需集体商议决定，聚集地点就在鼓楼。从前，“款众”在“款首”主持下制定“款约”。“款约”议定通过之后，通常刻碑勒石，立于鼓楼之中。二、排解纠纷。村民之间发生纠葛，需要众人排解，便聚集在鼓楼里集体裁决。如果什么人犯了过错，需要当众处理，也在鼓楼里进行。三、击鼓报信。遇有重大事件，迅速通过独木楼梯登楼击鼓召唤，众人闻声而至。击鼓报信有报警报喜之分，村民可从鼓声得知是警是喜。四、对唱大歌。互相间可以通婚的村寨歌队对唱大歌，多在鼓楼里进行。五、摆古休息。工余时间，村民聚集在鼓楼里，夏天休憩纳凉，冬天烤火取暖，老人们在鼓楼里给后生讲述历史故事，传授生产技能，教唱侗歌、侗戏。六、吹笙踩堂。逢年过节，村民们在鼓楼坪上或鼓楼必有的火塘边，吹芦笙，踩歌堂，载歌载舞，通宵达旦。七、存放芦笙。在稻谷下种以后的一段时间里，人们为了不误农时，将芦笙的所有音孔用棉花塞住，存于鼓楼内，民俗认为，这段时间吹芦笙，“当年谷子不饱米”。八、悬挂牛角。将战死或老死的水牯牛的犄角悬挂在鼓楼柱上，作为村民团结、侗寨富有的标志。九、拾物招领。侗族村民捡到失物，无法归还失主，便放在鼓楼里，让失主前来认领。十、施舍草鞋。为方便过往行人，将草鞋挂在鼓楼柱上，任行者取用。

增冲侗寨，三面环水，像个半岛，如今全村共有272户，1256人，比30多年前增加了118户，443人。

⊙增冲村总平面示意图

四周青山环抱，三面环溪，增冲坐落在半岛之上

⊙吊脚楼

⊙溪边的吊脚楼

寨头风雨桥

寨脚风雨桥

增冲寨布局呈八卦形，引山泉水在寨中形成水渠网络，故称"水寨"

⊙吊脚楼

⊙广场

⊙鼓楼坪

吃年酒。每到一家，按辈分高低、年岁大小，依序入座，高举酒杯，高呼：“休！休！”喝“交杯酒”。做完这一切，众人拥向“端坡”，开展赛马活动，场面极其热烈。从前赛马，不在乎速度，而重在勇敢。骑手不用马鞍，拉住缰绳，即跨上马背，横冲直撞，看谁能将别的骑手冲撞下马，以此炫耀本领，博得姑娘欢心。

⊙怎雷村鸟瞰

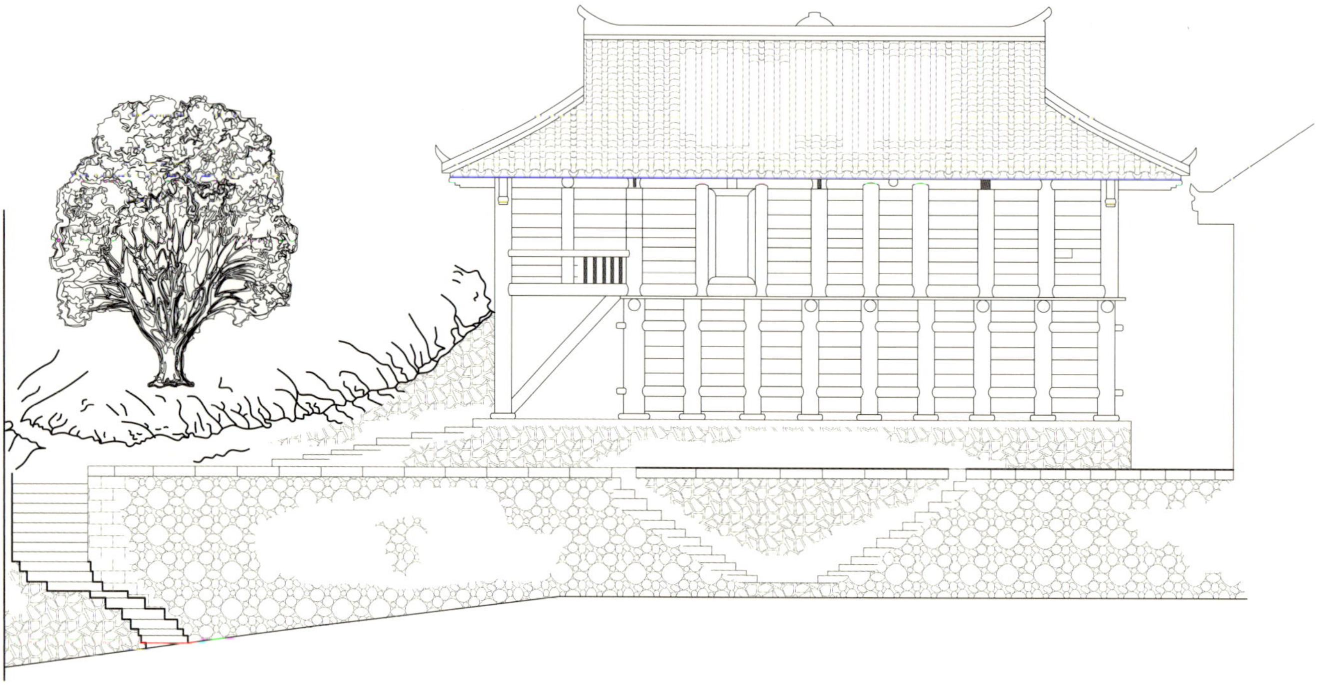

⊙怎雷村韦刚恒宅正立面图

0 1 2 3 4 5M

⊙怎雷村韦刚恒宅侧立面示意图

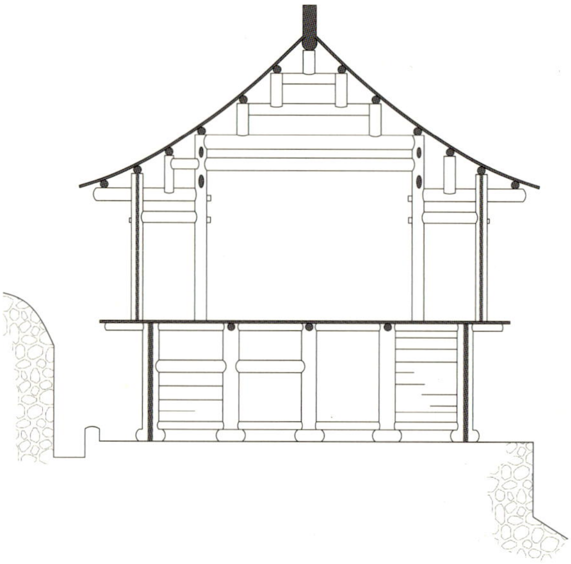

⊙怎雷村韦刚恒宅明间剖面图

0 1 2 3M

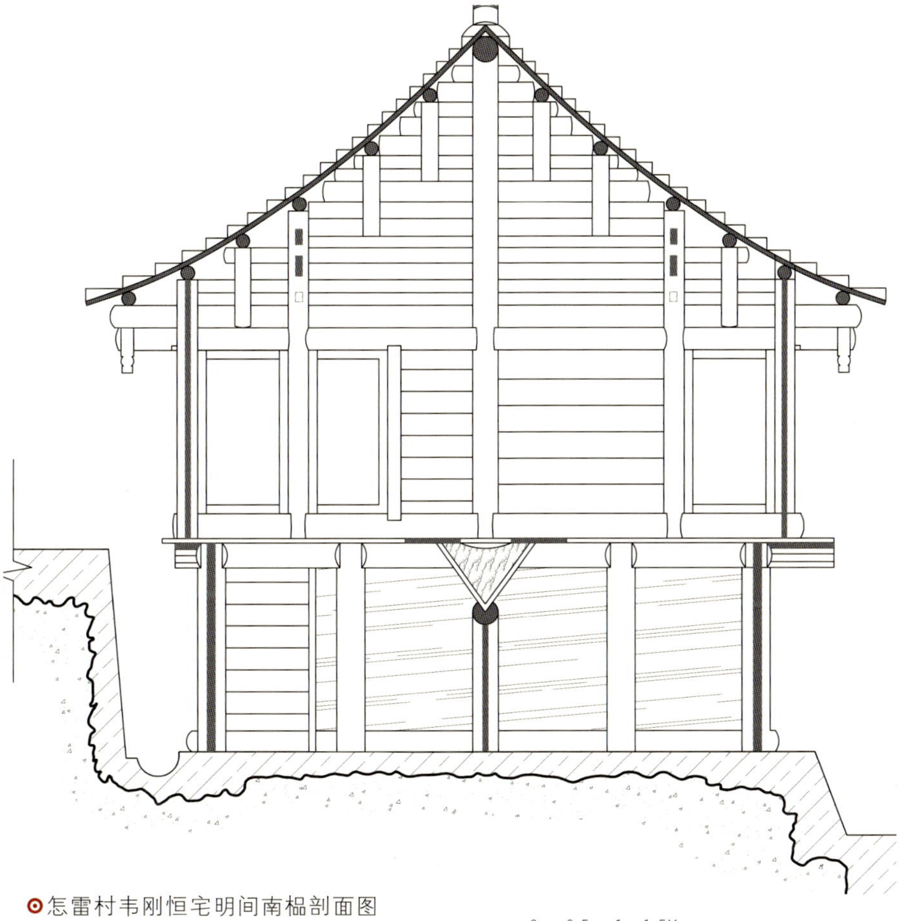

怎雷村韦刚恒宅明间南榀剖面图

0 0.5 1 1.5M

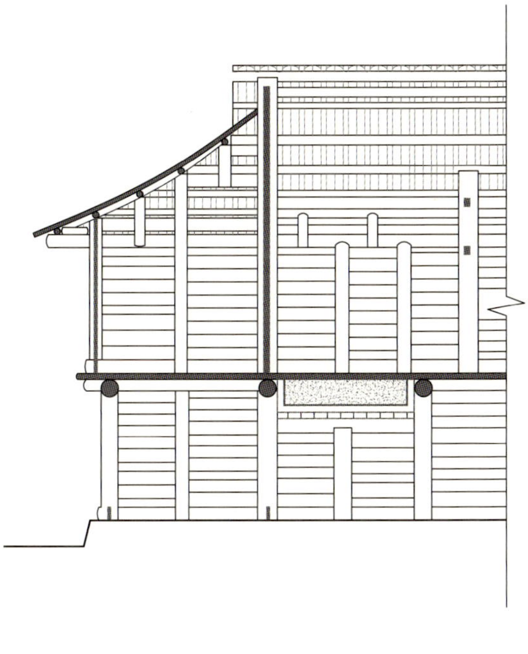

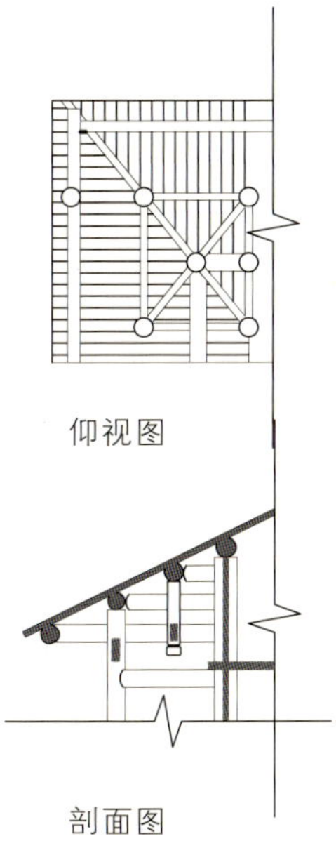

怎雷村韦刚恒宅南末间纵剖面图

0 0.5 1 1.5M

翼角大样

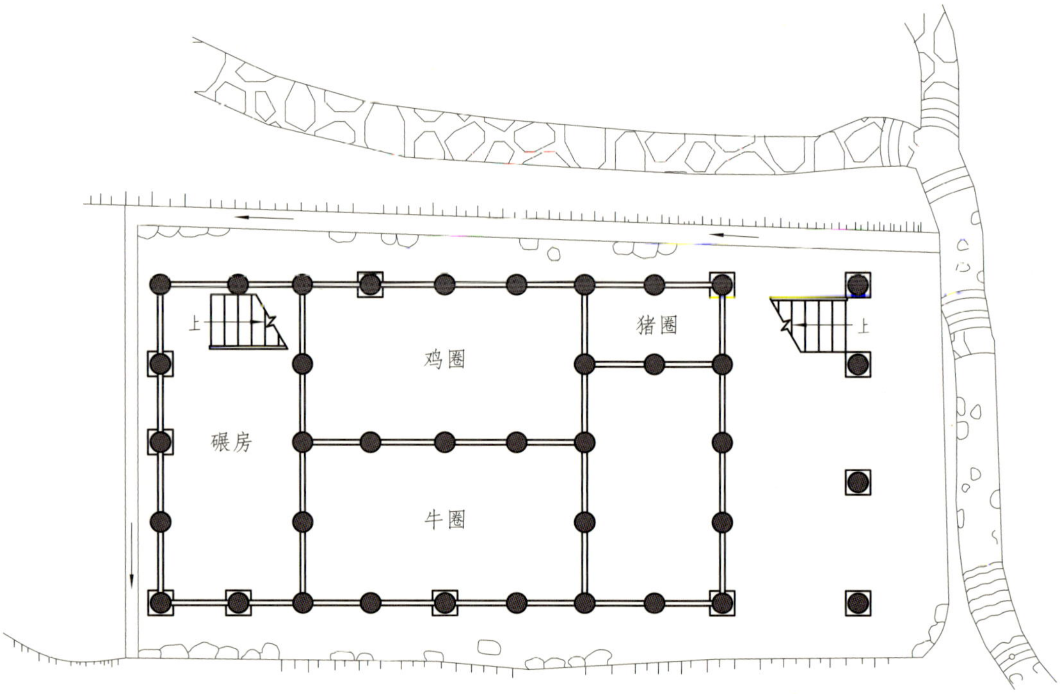

⊙怎雷村韦锦前宅平面图

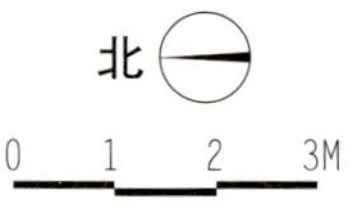

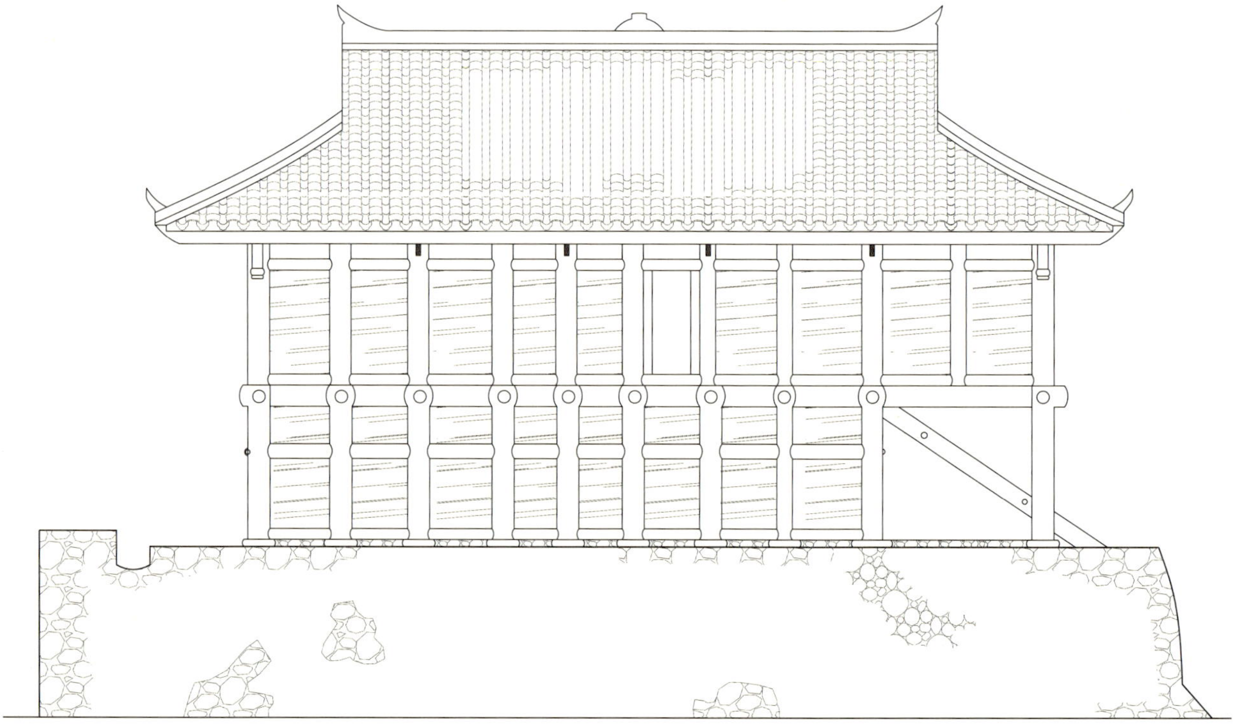

⊙怎雷村韦锦前宅明间剖面图

⊙怎雷村韦锦前宅侧立面图

0 1 2 3M

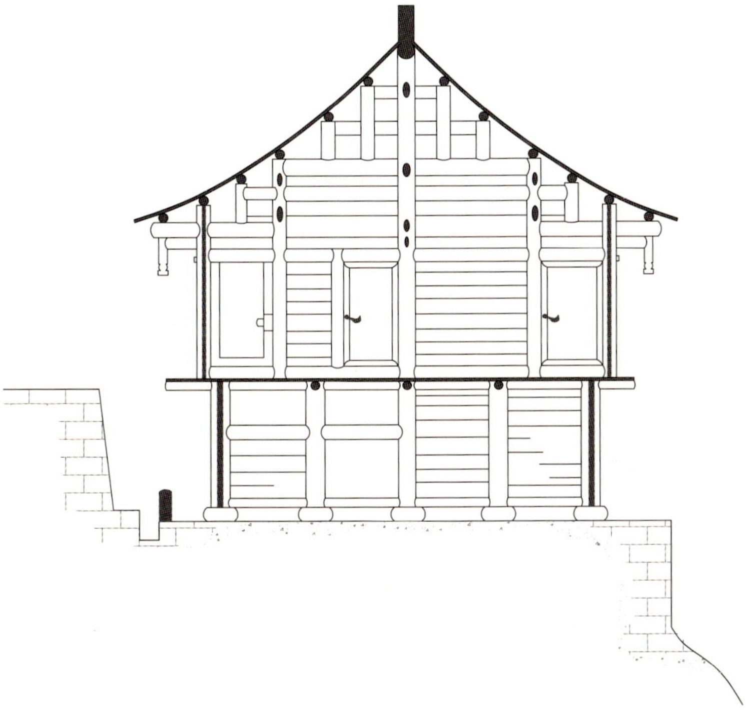

⊙怎雷村韦锦前宅次间剖面图

0 1 2 3M

怎雷村因地制宜，在山地上营建“干栏建筑”，有“山地建筑博物馆”之称

⊙怎雷村韦刚恒宅

⊙怎雷村韦刚恒宅

怎雷村韦锦前宅

干栏木楼

干栏木楼

◎干栏木楼

◎干栏木楼

◎干栏木楼

⊙干栏木楼

⊙干栏木楼

⊙木楼一层一般不住人，主要用于存放农具，圈养牲口，安置碓磨，堆放柴草

⊙一层猪圈

⊙木楼楼梯通往二层住宅

一户一谷仓，具有防水、防潮、防鼠、防盗等功能

⊙坐落在都柳江畔半山腰上的怎雷村

主要参考文献

1.徐弘祖.徐霞客游记[M].上海：上海古籍出版社，2010.

2.周作楫，萧琯，等.贵阳府志[M].刻本.1852（清咸丰二年）.

3.贵州省续修通志局.贵州通志[M].铅印本.贵阳：文通书局，1949.

4.年法尧，夏文炳，等.定番州志[M].铅印本.1945（民国三十四年）.

5.平翰，郑珍，莫友芝，等.遵义府志[M].刻本.1841（清道光二十一年）.

6.欧先哲，锺景贤.开阳县志稿[M].铅印本.1940（民国二十九年）.

7.费侃如.中国工农红军第一方面军长征史事日志[M].贵阳：贵州人民出版社，1999.

8.陈熙晋.仁怀直隶厅志[M].刻本.1841（清道光二十一年）.

9.贵州省习水县地方志编纂委员会.习水县志[M].贵阳：贵州人民出版社，1995.

10.清婺川县修志局.婺川县备志[M].油印本.1965.

11.常恩，邹汉勋，等.安顺府志[M].刻本.1890（清光绪十六年）.

12.刘祖宪.安平县志[M].刻本.1827（清道光七年）.

13.罗文思.石阡府志[M].刻本.1770（清乾隆三十五年）.

14.徐鋐，萧琯.松桃厅志[M].刻本.1836（清道光十六年）.

15.凌纯声，芮逸夫.湘西苗族调查报告[M].北京：商务印书馆，1947.

16.余上华，喻勋，胡长松.铜仁府志[M].刻本.1892（光绪十八年）.

17.严如熤.苗防备览[M].刻本.1820（清嘉庆二十五年）.

18.雷山县志编纂委员会.雷山县志[M].贵阳：贵州人民出版社，1992.

19.吴正光.郎德上寨的苗文化[M].贵阳：贵州人民出版社，2005.

20.蔡宗建，龚传绅.镇远府志[M].刻本.1791（清乾隆五十六年）.

21.陈昭令，李承栋.黄平县志[M].稿本.1921（民国十年）.

22.俞渭，陈瑜.黎平府志[M].刻本.1892（清光绪十八年）.

23.贵州省从江县志编纂委员会.从江县志[M].贵阳：贵州人民出版社，1999.

24.三都水族自治县志编纂委员会.三都水族自治县志[M].贵阳：贵州人民出版社，1992.

附录

贵州省历史文化名村（镇）、传统村落名单

序号	名　称	地　点	文保级别
1	批林村	贵阳市花溪区高坡苗族乡	●（红）
2	青岩镇	贵阳市花溪区	●（黄）●（褐）
3	镇山村	贵阳市花溪区石板镇	●（黄）
4	镇山村大寨	贵阳市花溪区石板镇	●（红）
5	凯伦村	贵阳市花溪区马铃布依族苗族乡	●（褐）
6	马头村	贵阳市开阳县禾丰布依族苗族乡	●（红）●（黄）●（青）
7	新庄组	贵阳市开阳县毛云乡毛栗庄村	●（红）
8	湾子寨组	贵阳市开阳县南龙乡东官村	●（红）
9	营上组	贵阳市开阳县南龙乡佘家营村	●（红）
10	付家湾组	贵阳市开阳县楠木渡镇黄木村	●（红）
11	卫城镇	贵阳市清镇市	●（褐）
12	王岗村	乌当区新堡乡	●（褐）
13	长田组	六盘水市六枝特区落别乡长湾村	●（红）
14	郎岱镇	六盘水市六枝特区	●（褐）
15	戛陇塘村	六盘水市六枝特区木岗镇	●（红）
16	高兴村	六盘水市六枝特区梭戛苗族彝族回族乡	●（红）
17	陆家寨村	六盘水市盘州市保基苗族彝族乡	●（红）
18	鹅毛寨村	六盘水市盘州市保田镇	●（红）
19	城关镇	六盘水市盘州市	●（褐）
20	水塘村	六盘水市盘州市丹霞镇	●（红）
21	乐民村	六盘水市盘州市石桥镇	●（红）
22	妥乐村	六盘水市盘州市石桥镇	●（红）
23	大中村	六盘水市盘州市羊场布依族白族苗族乡	●（红）
24	天门村	六盘水市水城县花戛苗族布依族彝族乡	●（红）
25	苟坝村	遵义市播州区枫香镇	●（红）
26	乌江村	遵义市播州区尚稽镇	●（红）
27	丙安镇	遵义市赤水市	●（褐）
28	丙安村	遵义市赤水市丙安镇	●（红）●（黄）
29	大同镇	遵义市赤水市	●（黄）●（褐）
30	大同镇古镇社区	遵义市赤水市	●（红）

序号	名称	地点	文保级别
31	陛诏村	遵义市赤水市元厚镇	●
32	洛龙镇	遵义市道真仡佬族苗族自治县	●
33	阳溪村	遵义市道真仡佬族苗族自治县阳溪镇	●
34	沙坝村	遵义市凤冈县进化镇	●
35	玛瑙村	遵义市凤冈县绥阳镇	●●
36	黑溪古寨	遵义市凤冈县土溪镇	●
37	高坝村	遵义市凤冈县王寨镇	●
38	长碛古寨	遵义市凤冈县新建镇	●
39	龙塘溪组	遵义市凤冈县新建镇新建社区	●
40	杨家寨	遵义市凤冈县琊川镇余粮村	●
41	海龙屯村	遵义市汇川区高坪街道	●●
42	毛石村	遵义市汇川区毛石镇	●
43	石家寨	遵义市湄潭县抄乐乡群星村	●
44	麻凼组	遵义市湄潭县高台镇三联村	●
45	平顺坝	遵义市湄潭县茅坪镇地关村	●
46	细沙组	遵义市湄潭县石莲镇沿江村	●
47	官寨	遵义市湄潭县西河镇河沟坝村	●
48	石家寨村	遵义市湄潭县西河镇	●
49	西坪组	遵义市湄潭县西河镇西坪村	●
50	石笋沟村	遵义市湄潭县洗马镇双合村	●
51	程家湾村	遵义市湄潭县洗马镇团结村	●
52	永兴镇	遵义市湄潭县	●
53	两岔村	遵义市仁怀市三合镇	●
54	金鸡水古寨	遵义市桐梓县高桥镇周市村	●
55	河扁组	遵义市桐梓县花秋镇岔水村	●
56	狮溪村	遵义市桐梓县狮溪镇	●
57	板场组	遵义市务川仡佬族苗族自治县大坪街道三坑村	●
58	龙潭村	遵义市务川仡佬族苗族自治县大坪街道	●●●
59	马拱坡	遵义市务川仡佬族苗族自治县丹砂街道桃符村	●
60	造纸塘	遵义市务川仡佬族苗族自治县丰乐镇新场村	●
61	大竹村	遵义市务川仡佬族苗族自治县黄都镇	●
62	沈家坝	遵义市务川仡佬族苗族自治县黄都镇丝绵村	●
63	白土台组	遵义市习水县良村镇洋化村	●
64	淋滩村	遵义市习水县隆兴镇	●
65	土城镇	遵义市习水县	●
66	沙滩村	遵义市新蒲新区新舟镇	●
67	榨溪组	遵义市余庆县白泥镇桂花村	●
68	安场镇	遵义市正安县	●
69	祝家坪村	遵义市正安县芙蓉江镇	●
70	白花村	遵义市正安县流渡镇	●
71	下瓜组	安顺市关岭布依族苗族自治县普利乡马马崖村	●
72	殷家庄组	安顺市黄果树旅游区黄果树镇白水河村	●
73	大洋溪组	安顺市黄果树旅游区黄果树镇大三新村	●
74	募龙村	安顺市黄果树旅游区黄果树镇	●
75	偏坡组	安顺市黄果树旅游区黄果树镇石头寨村	●
76	石头寨组	安顺市黄果树旅游区黄果树镇石头寨村	●
77	山岔组	安顺市黄果树旅游区黄果树镇油寨村	●
78	大寨村	安顺市平坝区安平街道	●
79	白云庄自然村	安顺市平坝区白云镇白云村	●
80	车头村	安顺市平坝区白云镇	●
81	高寨自然村	安顺市平坝区白云镇高寨村	●
82	元河组	安顺市平坝区白云镇平元村	●
83	肖家村	安顺市平坝区白云镇	●
84	大屯村	安顺市平坝区乐平镇	●

序号	名　称	地　点	文保级别
85	小屯村	安顺市平坝区乐平镇	●
86	虾儿井组	安顺市平坝区天龙镇打磨村	●
87	二官村	安顺市平坝区天龙镇	●
88	岩上组	安顺市平坝区天龙镇合旺村	●
89	天龙村	安顺市平坝区天龙镇	●
90	天龙镇	安顺市平坝区	●
91	双硐组	安顺市平坝区天龙镇兴旺村	●
92	陈旗堡村	安顺市普定县城关镇	●
93	猛舟村	安顺市普定县猴场苗族仡佬族乡	●
94	云盘村	安顺市普定县马场镇	●
95	下坝屯村	安顺市普定县马官镇	●
96	格来月村	安顺市西秀区蔡官镇	●
97	罗大寨村	安顺市西秀区蔡官镇	●
98	鲍屯村	安顺市西秀区大西桥镇	●●●
99	吉昌村	安顺市西秀区大西桥镇	●
100	九溪村	安顺市西秀区大西桥镇	●
101	石板房村	安顺市西秀区大西桥镇	●
102	西陇村	安顺市西秀区大西桥镇	●
103	高官组	安顺市西秀区东屯乡高官居委会	●
104	山旗组	安顺市西秀区东屯乡金山村	●
105	龙青村	安顺市西秀区黄腊布依族苗族乡	●
106	郭家屯村	安顺市西秀区轿子山镇	●
107	秀水村	安顺市西秀区轿子山镇	●
108	旧州镇	安顺市西秀区	●●
109	海马村	安顺市西秀区旧州镇	●
110	詹屯村	安顺市西秀区旧州镇	●
111	大寨村	安顺市西秀区刘官乡嘉穗村	●
112	周官村	安顺市西秀区刘官乡	●
113	蔡官村	安顺市西秀区龙宫镇	●
114	小苑组	安顺市西秀区龙宫镇油菜湖村	●
115	宁谷镇	安顺市西秀区	●
116	小呈堡村	安顺市西秀区宁谷镇	●
117	本寨村	安顺市西秀区七眼桥镇本寨村	●
118	猴场村	安顺市西秀区七眼桥镇猴场村	●
119	雷屯村	安顺市西秀区七眼桥镇雷屯村	●
120	仁岗村	安顺市西秀区七眼桥镇仁岗村	●
121	云山屯村	安顺市西秀区七眼桥镇	●●●
122	山京村	安顺市西秀区双堡镇	●
123	骟马牛村	安顺市西秀区双堡镇	●
124	石头组	安顺市西秀区新场布依族苗族乡花庆村	●
125	勇克组	安顺市西秀区新场布依族苗族乡勇江村	●
126	石关组	安顺市西秀区新场乡绿泉村	●
127	歪寨组	安顺市西秀区幺铺镇磊跨村	●
128	顺河组	安顺市西秀区杨武布依族苗族乡顺河村	●
129	滑石哨组	安顺市镇宁布依族苗族自治县白水镇大坪地村	●
130	革老坟村	安顺市镇宁布依族苗族自治县扁担山乡	●
131	高荡村	安顺市镇宁布依族苗族自治县城关镇	●
132	官寨组	安顺市镇宁布依族苗族自治县丁旗街道官寨村	●
133	陇西村二组、三组	安顺市镇宁布依族苗族自治县江龙镇	●
134	下院组	安顺市镇宁布依族苗族自治县江龙镇木志河村	●
135	云上组	安顺市紫云苗族布依族自治县坝羊镇五星村	●
136	格井村	安顺市紫云苗族布依族自治县格凸河镇	●
137	打哈村	安顺市紫云苗族布依族自治县猴场镇	●
138	九岭村	安顺市紫云苗族布依族自治县火花镇	●

序号	名　称	地　点	文保级别
139	佑卯组	安顺市紫云苗族布依族自治县猫营镇黄土村	●
140	城关镇	毕节市大方县	●
141	背座村	毕节市大方县黄泥塘镇	●
142	油杉河村	毕节市大方县雨冲乡	●
143	大屯彝族乡	毕节市七星关区	●
144	三官村	毕节市七星关区大屯彝族乡	●
145	猫山村	毕节市黔西县钟山镇	●
146	石门坎村	毕节市威宁彝族回族苗族自治县石门乡	●
147	织金县	毕节市	●
148	城关镇	毕节市织金县	●
149	营上古寨	毕节市织金县龙场镇阳光村	●
150	碧江区	铜仁市	●
151	塘边古树园	铜仁市碧江区坝黄镇宋家坝村	●
152	杨家坡	铜仁市碧江区川硐镇板栗园村	●
153	瓮慢村	铜仁市碧江区六龙山侗族土家族乡	●
154	克兰寨村	铜仁市碧江区瓦屋侗族乡	●
155	茶园山村	铜仁市碧江区漾头镇	●
156	路腊村	铜仁市碧江区云场坪镇	●
157	枫香溪村	铜仁市德江县枫香溪镇	●
158	棋坝山村	铜仁市德江县复兴镇	●
159	稳溪村	铜仁市德江县复兴镇	●
160	梨子水村	铜仁市德江县高山镇	●
161	焕河村	铜仁市德江县共和乡	●
162	朝阳村	铜仁市德江县合兴镇	●
163	岩头坝	铜仁市德江县合兴镇龙溪村	●
164	付家村	铜仁市德江县煎茶镇	●
165	上坝自然寨	铜仁市德江县楠杆土家族乡兴隆社区	●
166	中坝村	铜仁市德江县平原镇杉园社区	●
167	大寨村	铜仁市德江县沙溪乡	●
168	岩阡头组	铜仁市德江县长堡镇马家溪村	●
169	梵星村	铜仁市江口县怒溪镇	●
170	黄岩村	铜仁市江口县怒溪镇河口村	●
171	韭菜村	铜仁市江口县民和镇	●
172	封神懂村	铜仁市江口县民和镇龙兴村	●
173	后溪组	铜仁市江口县官和侗族土家族苗族乡泗渡村	●
174	云舍村	铜仁市江口县太平镇	●●●
175	漆树坪村	铜仁市江口县桃映镇匀都村	●
176	马桑坪村	铜仁市石阡县白沙镇	●
177	箱子坪村	铜仁市石阡县白沙镇	●
178	城关镇	铜仁市石阡县	●
179	铺溪村	铜仁市石阡县甘溪乡	●
180	红岩组	铜仁市石阡县甘溪乡铺溪村	●
181	高桥自然村	铜仁市石阡县国荣乡葛容村	●
182	楼上村	铜仁市石阡县国荣乡	●●●
183	周家寨村	铜仁市石阡县国荣乡	●
184	深溪村	铜仁市石阡县河坝场乡	●
185	小高王村	铜仁市石阡县河坝场乡	●
186	施场村	铜仁市石阡县花桥镇	●
187	黄泥坳村	铜仁市石阡县聚凤仡佬族侗族乡	●
188	廖家屯村	铜仁市石阡县聚凤仡佬族侗族乡	●
189	瓮水屯村	铜仁市石阡县聚凤仡佬族侗族乡	●
190	指甲坪村	铜仁市石阡县聚凤仡佬族侗族乡	●
191	克麻场村	铜仁市石阡县龙井乡	●
192	石榴坡村	铜仁市石阡县坪地场仡佬族侗族乡	●

序号	名称	地点	文保级别
193	青山村	铜仁市石阡县青阳苗族仡佬族侗族乡	●
194	高塘村	铜仁市石阡县青阳乡	●
195	公鹅坳村	铜仁市石阡县石固仡佬族侗族乡	●
196	汤山镇	铜仁市石阡县	●
197	大鸡公村	铜仁市石阡县五德镇	●
198	大寨村	铜仁市石阡县五德镇	●
199	董上村	铜仁市石阡县五德镇	●
200	郝家湾村	铜仁市思南县板桥乡	●
201	官塘坝村	铜仁市思南县大坝场镇	●
202	尧上村	铜仁市思南县大坝场镇	●
203	鱼塘村	铜仁市思南县合朋溪镇	●
204	周家桠村	铜仁市思南县胡家湾乡	●
205	四野屯村	铜仁市思南县青杠坡镇	●
206	黑河峡社区	铜仁市思南县思林乡	●
207	金龙村	铜仁市思南县思林乡	●
208	思唐镇	铜仁市思南县	●
209	甲秀社区	铜仁市思南县塘头镇	●
210	街子村	铜仁市思南县塘头镇	●
211	龙山村	铜仁市思南县文家店镇	●
212	三星村	铜仁市思南县瓮溪镇	●
213	马家山组	铜仁市思南县瓮溪镇瓮溪社区	●
214	天山村	铜仁市思南县兴隆乡	●
215	浸底峡组	铜仁市思南县许家坝镇坑水村	●
216	舟水村	铜仁市思南县许家坝镇	●
217	城头盖村	铜仁市思南县杨家坳乡	●
218	文山村	铜仁市松桃苗族自治县蓼皋镇	●
219	头京村	铜仁市松桃苗族自治县孟溪镇	●
220	大湾村	铜仁市松桃苗族自治县盘信镇	●
221	半坡村	铜仁市松桃苗族自治县普觉镇	●
222	候溪屯村	铜仁市松桃苗族自治县普觉镇	●
223	罗溪屯	铜仁市松桃苗族自治县普觉镇干背河村	●
224	高坎村	铜仁市松桃苗族自治县普觉镇	●
225	真武堡村	铜仁市松桃苗族自治县普觉镇	●
226	界牌村	铜仁市松桃苗族自治县沙坝河乡	●
227	底哨	铜仁市松桃苗族自治县世昌乡世昌村	●
228	寨英镇	铜仁市松桃苗族自治县	●●
229	大水村	铜仁市松桃苗族自治县寨英镇	●
230	邓堡村	铜仁市松桃苗族自治县寨英镇	●
231	寨英村	铜仁市松桃苗族自治县寨英镇	●●
232	蕉溪村	铜仁市松桃苗族自治县寨英镇	●
233	凯牌村	铜仁市松桃苗族自治县寨英镇	●
234	地甲司村	铜仁市松桃苗族自治县长坪乡	●
235	干沙坪村	铜仁市松桃苗族自治县长坪乡	●
236	苗王城	铜仁市松桃苗族自治县正大乡薅菜村	●
237	石头寨	铜仁市万山区敖寨乡	●
238	瓦寨村	铜仁市万山区黄道乡	●
239	白果村	铜仁市沿河土家族自治县新景乡	●
240	洋溪村	铜仁市沿河土家族自治县板场乡	●
241	木子岭村	铜仁市沿河土家族自治县官舟镇	●
242	大溪村	铜仁市沿河土家族自治县黑獭乡	●
243	茶园村	铜仁市沿河土家族自治县后坪乡	●
244	下坝村	铜仁市沿河土家族自治县后坪乡	●
245	闵子溪村	铜仁市沿河土家族自治县夹石镇	●
246	山羊村	铜仁市沿河土家族自治县夹石镇	●

序号	名　称	地　点	文保级别
247	红溪村	铜仁市沿河土家族自治县客田镇	●
248	三坝村	铜仁市沿河土家族自治县泉坝镇	●
249	荷叶村	铜仁市沿河土家族自治县思渠镇	●
250	马福云村	铜仁市沿河土家族自治县思渠镇	●
251	渠沟村	铜仁市印江土家族苗族自治县板溪镇	●
252	方家岭村	铜仁市印江土家族苗族自治县缠溪镇	●
253	兴旺村	铜仁市印江土家族苗族自治县合水镇	●
254	木黄镇	铜仁市印江土家族苗族自治县	●
255	木良村	铜仁市印江土家族苗族自治县木黄镇	●
256	中尧村	铜仁市印江土家族苗族自治县天堂镇	●
257	芙蓉村	铜仁市印江土家族苗族自治县新业乡	●
258	坪所村	铜仁市印江土家族苗族自治县新业乡	●
259	黔溪村	铜仁市印江土家族苗族自治县新寨乡	●
260	乐洋村	铜仁市印江土家族苗族自治县新寨乡	●
261	团龙村	铜仁市印江土家族苗族自治县永义乡	●
262	虹穴村	铜仁市印江土家族苗族自治县中坝乡	●
263	大园址村	铜仁市印江土家族苗族自治县紫薇镇	●
264	朝阳村	铜仁市玉屏侗族自治县新店乡	●
265	大湾村	铜仁市玉屏侗族自治县新店乡	●
266	城关镇	黔西南布依族苗族自治州安龙县	●
267	板万村	黔西南布依族苗族自治州册亨县丫他镇	●
268	秧佑村	黔西南布依族苗族自治州册亨县弼佑镇	●
269	青山社区	黔西南布依族苗族自治州普安县青山镇	●
270	卡嘎布依寨	黔西南布依族苗族自治州兴仁市巴铃镇百卡村	●
271	冬瓜林村	黔西南布依族苗族自治州兴仁市新龙场镇	●
272	堵德村	黔西南布依族苗族自治州兴义市泥凼镇	●
273	南龙村	黔西南布依族苗族自治州兴义市巴结镇	●
274	乌舍村	黔西南布依族苗族自治州兴义市泥凼镇	●
275	雨补鲁村	黔西南布依族苗族自治州兴义市清水河镇	●
276	花江村	黔西南布依族苗族自治州贞丰县平街乡	●
277	兴农村	黔西南布依族苗族自治州贞丰县挽澜镇	●
278	纳孔村	黔西南布依族苗族自治州贞丰县者相镇	●
279	凯空组	黔东南苗族侗族自治州岑巩县平庄镇平庄村	●
280	凯府村	黔东南苗族侗族自治州岑巩县凯本镇	●
281	岜扒村	黔东南苗族侗族自治州从江县高增乡	●
282	岜沙村	黔东南苗族侗族自治州从江县丙妹镇	●●●
283	大塘村	黔东南苗族侗族自治州从江县丙妹镇	●
284	大歹村	黔东南苗族侗族自治州从江县丙妹镇	●
285	归林村	黔东南苗族侗族自治州从江县丙妹镇	●
286	老或村	黔东南苗族侗族自治州从江县丙妹镇	●
287	龙江村	黔东南苗族侗族自治州从江县丙妹镇	●
288	岑报寨	黔东南苗族侗族自治州从江县丙妹镇銮里村	●
289	高开村	黔东南苗族侗族自治州从江县翠里瑶族壮族乡	●
290	高文村	黔东南苗族侗族自治州从江县翠里瑶族壮族乡	●
291	污牙村	黔东南苗族侗族自治州从江县翠里瑶族壮族乡	●
292	宰转村	黔东南苗族侗族自治州从江县翠里瑶族壮族乡	●
293	岑丰村	黔东南苗族侗族自治州从江县翠里瑶族壮族乡	●
294	高华村	黔东南苗族侗族自治州从江县翠里瑶族壮族乡	●
295	党相村	黔东南苗族侗族自治州从江县东朗镇	●
296	孔明村	黔东南苗族侗族自治州从江县东朗镇	●
297	苗谷村	黔东南苗族侗族自治州从江县东朗镇	●
298	马安村	黔东南苗族侗族自治州从江县斗里镇	●
299	潘里村八组	黔东南苗族侗族自治州从江县斗里镇	●
300	台里村	黔东南苗族侗族自治州从江县斗里镇	●

序号	名　称	地　点	文保级别
301	三联村	黔东南苗族侗族自治州从江县刚边壮族乡	●
302	鸡脸村	黔东南苗族侗族自治州从江县刚边壮族乡	●
303	宰船村	黔东南苗族侗族自治州从江县刚边壮族乡	●
304	刚边村	黔东南苗族侗族自治州从江县刚边壮族乡	●
305	银平村	黔东南苗族侗族自治州从江县刚边壮族乡	●
306	美德村	黔东南苗族侗族自治州从江县高增乡	●
307	小黄村	黔东南苗族侗族自治州从江县高增乡	●●
308	占里村	黔东南苗族侗族自治州从江县高增乡	●
309	付中村	黔东南苗族侗族自治州从江县高增乡	●
310	高吊村	黔东南苗族侗族自治州从江县谷坪乡	●
311	留架村	黔东南苗族侗族自治州从江县谷坪乡	●
312	银潭村	黔东南苗族侗族自治州从江县谷坪乡	●
313	燕窝寨	黔东南苗族侗族自治州从江县谷坪乡山岗村	●
314	党苟寨	黔东南苗族侗族自治州从江县谷坪乡五一村	●
315	潘今滚村	黔东南苗族侗族自治州从江县贯洞镇	●
316	党扭村	黔东南苗族侗族自治州从江县加榜乡	●
317	加车村	黔东南苗族侗族自治州从江县加榜乡	●
318	加页村	黔东南苗族侗族自治州从江县加榜乡	●
319	下尧村	黔东南苗族侗族自治州从江县加榜乡	●
320	加牙村	黔东南苗族侗族自治州从江县加鸠镇	●
321	加翁村	黔东南苗族侗族自治州从江县加鸠镇	●
322	加学村	黔东南苗族侗族自治州从江县加鸠镇	●
323	白岩村	黔东南苗族侗族自治州从江县加鸠镇	●
324	加能村	黔东南苗族侗族自治州从江县加鸠镇	●
325	加坡村	黔东南苗族侗族自治州从江县加勉乡	●
326	污俄村	黔东南苗族侗族自治州从江县加勉乡	●
327	真由村	黔东南苗族侗族自治州从江县加勉乡	●
328	登岜村	黔东南苗族侗族自治州从江县洛香镇	●
329	大桥村	黔东南苗族侗族自治州从江县洛香镇	●
330	平乐村	黔东南苗族侗族自治州从江县洛香镇	●
331	单阳村	黔东南苗族侗族自治州从江县庆云镇	●
332	转珠村	黔东南苗族侗族自治州从江县庆云镇	●
333	迫面寨	黔东南苗族侗族自治州从江县庆云镇佰你村	●
334	归料寨	黔东南苗族侗族自治州从江县庆云镇广力村	●
335	架里村	黔东南苗族侗族自治州从江县停洞镇	●
336	摆也村	黔东南苗族侗族自治州从江县停洞镇	●
337	归奶村	黔东南苗族侗族自治州从江县停洞镇	●
338	苗朋村	黔东南苗族侗族自治州从江县停洞镇	●
339	则里村	黔东南苗族侗族自治州从江县往洞镇	●
340	增冲村	黔东南苗族侗族自治州从江县往洞镇	●●
341	朝利村	黔东南苗族侗族自治州从江县往洞镇	●
342	高传村	黔东南苗族侗族自治州从江县往洞镇	●
343	信地村	黔东南苗族侗族自治州从江县往洞镇	●
344	秧里村	黔东南苗族侗族自治州从江县往洞镇	●
345	增盈村	黔东南苗族侗族自治州从江县往洞镇	●
346	德桥村	黔东南苗族侗族自治州从江县往洞镇	●
347	德秋村	黔东南苗族侗族自治州从江县往洞镇	●
348	贡寨村	黔东南苗族侗族自治州从江县往洞镇	●
349	平楼寨	黔东南苗族侗族自治州从江县往洞镇往洞村	●
350	顶洞村	黔东南苗族侗族自治州从江县西山镇	●
351	田底村	黔东南苗族侗族自治州从江县西山镇	●
352	滚郎村	黔东南苗族侗族自治州从江县西山镇	●
353	卡翁村	黔东南苗族侗族自治州从江县西山镇	●
354	秋卡村	黔东南苗族侗族自治州从江县西山镇	●

序号	名　称	地　点	文保级别
355	高良村	黔东南苗族侗族自治州从江县下江镇	●
356	高仟村	黔东南苗族侗族自治州从江县下江镇	●
357	巨洞村	黔东南苗族侗族自治州从江县下江镇	●
358	中华村	黔东南苗族侗族自治州从江县下江镇	●
359	打格村	黔东南苗族侗族自治州从江县秀塘壮族乡	●
360	下敖村	黔东南苗族侗族自治州从江县秀塘壮族乡	●
361	引东村	黔东南苗族侗族自治州从江县宰便镇	●
362	高要村	黔东南苗族侗族自治州丹寨县龙泉镇	●
363	排牙村	黔东南苗族侗族自治州丹寨县龙泉镇	●
364	石桥村	黔东南苗族侗族自治州丹寨县南皋乡	●
365	九门村	黔东南苗族侗族自治州丹寨县南皋乡	●
366	清江村	黔东南苗族侗族自治州丹寨县南皋乡	●
367	麻鸟村	黔东南苗族侗族自治州丹寨县排调镇	●
368	刘家寨村	黔东南苗族侗族自治州丹寨县排调镇	●
369	排结村	黔东南苗族侗族自治州丹寨县排调镇	●
370	排佐村	黔东南苗族侗族自治州丹寨县兴仁镇	●
371	王家寨村	黔东南苗族侗族自治州丹寨县兴仁镇	●
372	翻仰村	黔东南苗族侗族自治州丹寨县兴仁镇	●
373	乌佐村	黔东南苗族侗族自治州丹寨县兴仁镇	●
374	岩英村	黔东南苗族侗族自治州丹寨县兴仁镇	●
375	送陇村	黔东南苗族侗族自治州丹寨县雅灰乡	●
376	夺鸟村	黔东南苗族侗族自治州丹寨县雅灰乡	●
377	排莫村	黔东南苗族侗族自治州丹寨县扬武镇	●
378	扬颂村	黔东南苗族侗族自治州丹寨县扬武镇	●
379	苗陇村	黔东南苗族侗族自治州黄平县谷陇镇	●
380	门司村	黔东南苗族侗族自治州黄平县谷陇镇	●
381	平寨村	黔东南苗族侗族自治州黄平县谷陇镇	●
382	旧州镇	黔东南苗族侗族自治州黄平县	●●●
383	东坡村	黔东南苗族侗族自治州黄平县新州镇	●
384	新华村	黔东南苗族侗族自治州黄平县野洞河镇	●
385	印地坝村	黔东南苗族侗族自治州黄平县一碗水乡	●
386	枫香村	黔东南苗族侗族自治州黄平县重安镇	●
387	塘都村	黔东南苗族侗族自治州黄平县重安镇	●
388	望坝村	黔东南苗族侗族自治州黄平县重安镇	●
389	大广村	黔东南苗族侗族自治州剑河县磻溪镇	●
390	洞脚村	黔东南苗族侗族自治州剑河县磻溪镇	●
391	稿旁村	黔东南苗族侗族自治州剑河县岑松镇	●
392	八郎村	黔东南苗族侗族自治州剑河县革东镇	●
393	大皆道村	黔东南苗族侗族自治州剑河县革东镇	●
394	平下村	黔东南苗族侗族自治州剑河县观么镇	●
395	巫包村	黔东南苗族侗族自治州剑河县观么镇	●
396	毕下村	黔东南苗族侗族自治州剑河县久仰镇	●
397	基佑村	黔东南苗族侗族自治州剑河县久仰镇	●
398	久吉村	黔东南苗族侗族自治州剑河县久仰镇	●
399	巫交村	黔东南苗族侗族自治州剑河县久仰镇	●
400	巫溜村	黔东南苗族侗族自治州剑河县久仰镇	●
401	返排村	黔东南苗族侗族自治州剑河县柳川镇	●
402	巫库村	黔东南苗族侗族自治州剑河县柳川镇	●
403	巫泥村	黔东南苗族侗族自治州剑河县柳川镇	●
404	高坵村	黔东南苗族侗族自治州剑河县敏洞乡	●
405	沟洞村	黔东南苗族侗族自治州剑河县敏洞乡	●
406	九旁村	黔东南苗族侗族自治州剑河县南加镇	●
407	柳基村	黔东南苗族侗族自治州剑河县南加镇	●
408	塘边村	黔东南苗族侗族自治州剑河县南加镇	●

序号	名称	地点	文保级别
409	小湳村	黔东南苗族侗族自治州剑河县南明镇	●
410	反召村	黔东南苗族侗族自治州剑河县南哨镇	●
411	高定村	黔东南苗族侗族自治州剑河县南哨镇	●
412	翁座村	黔东南苗族侗族自治州剑河县南哨镇	●
413	巫沙村	黔东南苗族侗族自治州剑河县南哨镇	●
414	九虎村	黔东南苗族侗族自治州剑河县南哨镇	●
415	柳富村	黔东南苗族侗族自治州剑河县南寨镇	●
416	展留村	黔东南苗族侗族自治州剑河县南寨镇	●
417	九连村	黔东南苗族侗族自治州剑河县太拥镇	●
418	太坪村	黔东南苗族侗族自治州剑河县太拥镇	●
419	文斗村	黔东南苗族侗族自治州锦屏县河口乡	●
420	韶霭村	黔东南苗族侗族自治州锦屏县河口乡	●
421	隆里乡	黔东南苗族侗族自治州锦屏县	●
422	隆里村	黔东南苗族侗族自治州锦屏县隆里乡	● ● ●
423	茅坪镇	黔东南苗族侗族自治州锦屏县	●
424	茅坪村	黔东南苗族侗族自治州锦屏县茅坪镇	●
425	平敖村	黔东南苗族侗族自治州锦屏县平略镇	●
426	圭叶村	黔东南苗族侗族自治州锦屏县平秋镇	●
427	魁胆村	黔东南苗族侗族自治州锦屏县平秋镇	●
428	腊洞村	黔东南苗族侗族自治州锦屏县启蒙镇	●
429	瓮寨村	黔东南苗族侗族自治州锦屏县三江镇	●
430	新化寨村	黔东南苗族侗族自治州锦屏县新化乡	●
431	瑶白村	黔东南苗族侗族自治州锦屏县彦洞乡	●
432	南江村	黔东南苗族侗族自治州凯里市凯棠镇	●
433	角冲村	黔东南苗族侗族自治州凯里市炉山镇	●
434	六个鸡村	黔东南苗族侗族自治州凯里市炉山镇	●
435	朗利村	黔东南苗族侗族自治州凯里市三棵树镇	●
436	季刀寨	黔东南苗族侗族自治州凯里市三棵树镇乐平村	●
437	南花村	黔东南苗族侗族自治州凯里市三棵树镇	●
438	岩寨村	黔东南苗族侗族自治州凯里市湾水镇	●
439	清江村	黔东南苗族侗族自治州凯里市下司镇	●
440	马路苗寨	黔东南苗族侗族自治州雷山县达地水族乡	●
441	同鸟水寨	黔东南苗族侗族自治州雷山县达地水族乡	●
442	也蒙村	黔东南苗族侗族自治州雷山县达地水族乡	●
443	里勇村	黔东南苗族侗族自治州雷山县达地水族乡	●
444	乌空村	黔东南苗族侗族自治州雷山县达地水族乡	●
445	独南村	黔东南苗族侗族自治州雷山县大塘镇	●
446	龙河村	黔东南苗族侗族自治州雷山县大塘镇	●
447	乔王村	黔东南苗族侗族自治州雷山县大塘镇	●
448	桥港村	黔东南苗族侗族自治州雷山县大塘镇	●
449	新桥村	黔东南苗族侗族自治州雷山县大塘镇	● ●
450	岩寨村	黔东南苗族侗族自治州雷山县大塘镇	●
451	掌坳村	黔东南苗族侗族自治州雷山县大塘镇	●
452	掌雷村	黔东南苗族侗族自治州雷山县大塘镇	●
453	干皎村	黔东南苗族侗族自治州雷山县丹江镇	●
454	虎阳村	黔东南苗族侗族自治州雷山县丹江镇	●
455	脚猛村	黔东南苗族侗族自治州雷山县丹江镇	●
456	教厂村	黔东南苗族侗族自治州雷山县丹江镇	●
457	猫猫河村	黔东南苗族侗族自治州雷山县丹江镇	●
458	乌东村	黔东南苗族侗族自治州雷山县丹江镇	●
459	排翁村	黔东南苗族侗族自治州雷山县丹江镇	●
460	阳苟村	黔东南苗族侗族自治州雷山县丹江镇	●
461	陡寨村	黔东南苗族侗族自治州雷山县方祥乡	●
462	格头村	黔东南苗族侗族自治州雷山县方祥乡	●

序号	名称	地点	文保级别
463	毛坪村	黔东南苗族侗族自治州雷山县方祥乡	●
464	平祥村	黔东南苗族侗族自治州雷山县方祥乡	●
465	雀鸟村	黔东南苗族侗族自治州雷山县方祥乡	●
466	水寨村	黔东南苗族侗族自治州雷山县方祥乡	●
467	提香村	黔东南苗族侗族自治州雷山县方祥乡	●
468	郎德镇	黔东南苗族侗族自治州雷山县	●●
469	报德村	黔东南苗族侗族自治州雷山县郎德镇	●
470	南猛村	黔东南苗族侗族自治州雷山县郎德镇	●
471	上郎德村	黔东南苗族侗族自治州雷山县郎德镇	●●
472	下郎德村	黔东南苗族侗族自治州雷山县郎德镇	●
473	乌流村	黔东南苗族侗族自治州雷山县郎德镇	●
474	乌瓦村	黔东南苗族侗族自治州雷山县郎德镇	●
475	杨柳村	黔东南苗族侗族自治州雷山县郎德镇	●
476	也改村	黔东南苗族侗族自治州雷山县郎德镇	●
477	也利村	黔东南苗族侗族自治州雷山县郎德镇	●
478	乌肖村	黔东南苗族侗族自治州雷山县郎德镇	●
479	丰塘村	黔东南苗族侗族自治州雷山县望丰乡	●
480	公统村	黔东南苗族侗族自治州雷山县望丰乡	●
481	排肖村	黔东南苗族侗族自治州雷山县望丰乡	●
482	荣防村	黔东南苗族侗族自治州雷山县望丰乡	●
483	三角田村	黔东南苗族侗族自治州雷山县望丰乡	●
484	乌的村	黔东南苗族侗族自治州雷山县望丰乡	●
485	乌迭村	黔东南苗族侗族自治州雷山县望丰乡	●
486	乌响村	黔东南苗族侗族自治州雷山县望丰乡	●
487	羊卡村	黔东南苗族侗族自治州雷山县望丰乡	●
488	甘益村	黔东南苗族侗族自治州雷山县望丰乡	●
489	乌江村	黔东南苗族侗族自治州雷山县望丰乡	●
490	西江镇	黔东南苗族侗族自治州雷山县	●●
491	北建村	黔东南苗族侗族自治州雷山县西江镇	●
492	大龙苗寨	黔东南苗族侗族自治州雷山县西江镇	●
493	黄里村	黔东南苗族侗族自治州雷山县西江镇	●
494	开觉村	黔东南苗族侗族自治州雷山县西江镇	●
495	控拜村	黔东南苗族侗族自治州雷山县西江镇	●
496	龙塘村	黔东南苗族侗族自治州雷山县西江镇	●
497	麻料村	黔东南苗族侗族自治州雷山县西江镇	●
498	乌高村	黔东南苗族侗族自治州雷山县西江镇	●
499	乌尧村	黔东南苗族侗族自治州雷山县西江镇	●
500	长乌村	黔东南苗族侗族自治州雷山县西江镇	●
501	中寨村	黔东南苗族侗族自治州雷山县西江镇	●
502	小龙村	黔东南苗族侗族自治州雷山县西江镇	●
503	加鸟村	黔东南苗族侗族自治州雷山县永乐镇	●
504	开屯村	黔东南苗族侗族自治州雷山县永乐镇	●
505	乔洛村	黔东南苗族侗族自治州雷山县永乐镇	●
506	乔歪村	黔东南苗族侗族自治州雷山县永乐镇	●
507	乔配村	黔东南苗族侗族自治州雷山县永乐镇	●
508	肖家村	黔东南苗族侗族自治州雷山县永乐镇	●
509	小开屯村	黔东南苗族侗族自治州雷山县永乐镇	●
510	坝寨村	黔东南苗族侗族自治州黎平县坝寨乡	●
511	蝉寨村	黔东南苗族侗族自治州黎平县坝寨乡	●
512	高场村	黔东南苗族侗族自治州黎平县坝寨乡	●
513	高西村	黔东南苗族侗族自治州黎平县坝寨乡	●
514	高兴村	黔东南苗族侗族自治州黎平县坝寨乡	●
515	器寨村	黔东南苗族侗族自治州黎平县坝寨乡	●
516	青寨村	黔东南苗族侗族自治州黎平县坝寨乡	●

序号	名　称	地　点	文保级别
517	岑桃村	黔东南苗族侗族自治州黎平县大稼乡	●
518	邓蒙村	黔东南苗族侗族自治州黎平县大稼乡	●
519	高孖村	黔东南苗族侗族自治州黎平县大稼乡	●
520	德凤镇	黔东南苗族侗族自治州黎平县	●
521	俾翁村	黔东南苗族侗族自治州黎平县德化乡	●
522	高洋村	黔东南苗族侗族自治州黎平县德化乡	●
523	下洋村	黔东南苗族侗族自治州黎平县德化乡	●
524	平甫村	黔东南苗族侗族自治州黎平县德顺乡	●
525	岑扣村	黔东南苗族侗族自治州黎平县地坪镇	●
526	高青村	黔东南苗族侗族自治州黎平县地坪镇	●
527	滚大村	黔东南苗族侗族自治州黎平县地坪镇	●
528	下寨村	黔东南苗族侗族自治州黎平县地坪镇	●
529	新丰村	黔东南苗族侗族自治州黎平县地坪镇	●
530	归欧村	黔东南苗族侗族自治州黎平县洪州镇	●
531	九江村	黔东南苗族侗族自治州黎平县洪州镇	●
532	平架村	黔东南苗族侗族自治州黎平县洪州镇	●
533	三团村	黔东南苗族侗族自治州黎平县洪州镇	●
534	六爽村	黔东南苗族侗族自治州黎平县洪州镇	●
535	赏方村	黔东南苗族侗族自治州黎平县洪州镇	●
536	新寨	黔东南苗族侗族自治州黎平县九潮镇大榕村	●
537	定八村	黔东南苗族侗族自治州黎平县九潮镇	●
538	高维村	黔东南苗族侗族自治州黎平县九潮镇	●
539	高寅村	黔东南苗族侗族自治州黎平县九潮镇	●
540	贡寨村	黔东南苗族侗族自治州黎平县九潮镇	●
541	吝洞村	黔东南苗族侗族自治州黎平县九潮镇	●
542	顺寨村	黔东南苗族侗族自治州黎平县九潮镇	●
543	朝坪村	黔东南苗族侗族自治州黎平县口江乡	●
544	银朝村	黔东南苗族侗族自治州黎平县口江乡	●
545	岑管村	黔东南苗族侗族自治州黎平县雷洞瑶族水族乡	●
546	牙双村	黔东南苗族侗族自治州黎平县雷洞瑶族水族乡	●
547	金城村	黔东南苗族侗族自治州黎平县雷洞瑶族水族乡	●
548	上地坪村	黔东南苗族侗族自治州黎平县龙额镇	●
549	蚕洞村	黔东南苗族侗族自治州黎平县茅贡镇	●
550	登岑村	黔东南苗族侗族自治州黎平县茅贡镇	●
551	地扪村	黔东南苗族侗族自治州黎平县茅贡镇	●●
552	额洞村	黔东南苗族侗族自治州黎平县茅贡镇	●
553	高近村	黔东南苗族侗族自治州黎平县茅贡镇	●
554	冲寨	黔东南苗族侗族自治州黎平县茅贡镇己炭村	●
555	汉寨	黔东南苗族侗族自治州黎平县茅贡镇己炭村	●
556	流芳村	黔东南苗族侗族自治州黎平县茅贡镇	●
557	寨南村	黔东南苗族侗族自治州黎平县茅贡镇	●
558	寨头村	黔东南苗族侗族自治州黎平县茅贡镇	●
559	腊洞村	黔东南苗族侗族自治州黎平县茅贡镇	●
560	寨母村	黔东南苗族侗族自治州黎平县茅贡镇	●
561	岑湖村	黔东南苗族侗族自治州黎平县孟彦镇	●
562	罗溪村	黔东南苗族侗族自治州黎平县孟彦镇	●
563	芒岭村	黔东南苗族侗族自治州黎平县孟彦镇	●
564	纪德村	黔东南苗族侗族自治州黎平县平寨乡	●
565	岑门村	黔东南苗族侗族自治州黎平县尚重镇	●
566	顿路村	黔东南苗族侗族自治州黎平县尚重镇	●
567	高冷村	黔东南苗族侗族自治州黎平县尚重镇	●
568	归德村	黔东南苗族侗族自治州黎平县尚重镇	●
569	纪登村	黔东南苗族侗族自治州黎平县尚重镇	●
570	绞洞村	黔东南苗族侗族自治州黎平县尚重镇	●

序号	名称	地点	文保级别
571	旧洞村	黔东南苗族侗族自治州黎平县尚重镇	●
572	上洋村	黔东南苗族侗族自治州黎平县尚重镇	●
573	绍洞村	黔东南苗族侗族自治州黎平县尚重镇	●
574	西迷村	黔东南苗族侗族自治州黎平县尚重镇	●
575	下洋村	黔东南苗族侗族自治州黎平县尚重镇	●
576	洋卫村	黔东南苗族侗族自治州黎平县尚重镇	●
577	育洞村	黔东南苗族侗族自治州黎平县尚重镇	●
578	宰蒙村	黔东南苗族侗族自治州黎平县尚重镇	●
579	朱冠村	黔东南苗族侗族自治州黎平县尚重镇	●
580	黄岗村	黔东南苗族侗族自治州黎平县双江镇	●
581	四寨村	黔东南苗族侗族自治州黎平县双江镇	●
582	寨高村	黔东南苗族侗族自治州黎平县双江镇	●
583	茨洞村	黔东南苗族侗族自治州黎平县水口镇	●
584	东郎村	黔东南苗族侗族自治州黎平县水口镇	●
585	花柳村	黔东南苗族侗族自治州黎平县水口镇	●
586	南江村	黔东南苗族侗族自治州黎平县水口镇	●
587	平善村	黔东南苗族侗族自治州黎平县水口镇	●
588	宰直寨	黔东南苗族侗族自治州黎平县水口镇宰洋村	●
589	胜利村	黔东南苗族侗族自治州黎平县水口镇	●
590	高孖村	黔东南苗族侗族自治州黎平县顺化瑶族乡	●
591	大寨村	黔东南苗族侗族自治州黎平县岩洞镇	●
592	述洞村	黔东南苗族侗族自治州黎平县岩洞镇	●
593	小寨村	黔东南苗族侗族自治州黎平县岩洞镇	●
594	岩洞村	黔东南苗族侗族自治州黎平县岩洞镇	●
595	宰拱村	黔东南苗族侗族自治州黎平县岩洞镇	●
596	竹坪村	黔东南苗族侗族自治州黎平县岩洞镇	●
597	豆洞村	黔东南苗族侗族自治州黎平县永从镇	●
598	九龙村	黔东南苗族侗族自治州黎平县永从镇	●
599	中罗村	黔东南苗族侗族自治州黎平县永从镇	●
600	纪堂村	黔东南苗族侗族自治州黎平县肇兴镇	●
601	纪堂上寨村	黔东南苗族侗族自治州黎平县肇兴镇	●
602	堂安村	黔东南苗族侗族自治州黎平县肇兴镇	●
603	厦格村	黔东南苗族侗族自治州黎平县肇兴镇	●
604	厦格上寨村	黔东南苗族侗族自治州黎平县肇兴镇	●
605	肇兴村	黔东南苗族侗族自治州黎平县肇兴镇	●●
606	肇兴上寨村	黔东南苗族侗族自治州黎平县肇兴镇	●●
607	肇兴中寨村	黔东南苗族侗族自治州黎平县肇兴镇	●●
608	兰洞寨	黔东南苗族侗族自治州黎平县中潮镇上黄村	●
609	复兴村	黔东南苗族侗族自治州麻江县龙山镇	●
610	河坝村	黔东南苗族侗族自治州麻江县龙山镇	●
611	六堡村	黔东南苗族侗族自治州麻江县杏山街道	●
612	纯厚村	黔东南苗族侗族自治州榕江县崇义乡	●
613	计水村	黔东南苗族侗族自治州榕江县定威水族乡	●
614	高兴村	黔东南苗族侗族自治州榕江县古州镇	●
615	三盘村	黔东南苗族侗族自治州榕江县古州镇	●
616	加宜村	黔东南苗族侗族自治州榕江县计划乡	●
617	卡寨村	黔东南苗族侗族自治州榕江县朗洞镇	●
618	高略村	黔东南苗族侗族自治州榕江县朗洞镇	●
619	保里村	黔东南苗族侗族自治州榕江县乐里镇	●
620	本里村	黔东南苗族侗族自治州榕江县乐里镇	●
621	大瑞村	黔东南苗族侗族自治州榕江县乐里镇	●
622	乔勒村	黔东南苗族侗族自治州榕江县乐里镇	●
623	滚仲村	黔东南苗族侗族自治州榕江县平江镇	●
624	高鸟村	黔东南苗族侗族自治州榕江县平江镇	●

序号	名称	地点	文保级别
625	丹江村	黔东南苗族侗族自治州榕江县平阳乡	●
626	硐里村	黔东南苗族侗族自治州榕江县平阳乡	●
627	脚车村苗寨	黔东南苗族侗族自治州榕江县三江水族乡	●
628	怎东村瑶寨	黔东南苗族侗族自治州榕江县塔石瑶族水族乡	●
629	同流村	黔东南苗族侗族自治州榕江县塔石瑶族水族乡	●
630	八蒙村	黔东南苗族侗族自治州榕江县兴华水族乡	●
631	摆贝村	黔东南苗族侗族自治州榕江县兴华水族乡	●
632	大利村	黔东南苗族侗族自治州榕江县栽麻镇	●●●
633	苗兰村侗寨	黔东南苗族侗族自治州榕江县栽麻镇	●
634	宰荡村	黔东南苗族侗族自治州榕江县栽麻镇	●
635	归柳村	黔东南苗族侗族自治州榕江县栽麻镇	●
636	票寨村侗寨	黔东南苗族侗族自治州榕江县寨蒿镇	●
637	晚寨村	黔东南苗族侗族自治州榕江县寨蒿镇	●
638	乌公村	黔东南苗族侗族自治州榕江县寨蒿镇	●
639	寿洞村	黔东南苗族侗族自治州榕江县寨蒿镇	●
640	定弄村	黔东南苗族侗族自治州榕江县忠诚镇	●
641	雅中村	黔东南苗族侗族自治州三穗县良上镇	●
642	龙塘村	黔东南苗族侗族自治州施秉县双井镇	●
643	反排村	黔东南苗族侗族自治州台江县方召镇	●
644	交汪村	黔东南苗族侗族自治州台江县方召镇	●
645	巫脚交村	黔东南苗族侗族自治州台江县方召镇	●
646	巫梭村	黔东南苗族侗族自治州台江县方召镇	●
647	方召村	黔东南苗族侗族自治州台江县方召镇	●
648	北方村	黔东南苗族侗族自治州台江县革一镇	●
649	江边村	黔东南苗族侗族自治州台江县革一镇	●
650	茅坪村	黔东南苗族侗族自治州台江县革一镇	●
651	排生村	黔东南苗族侗族自治州台江县革一镇	●
652	西南村	黔东南苗族侗族自治州台江县革一镇	●
653	白土村	黔东南苗族侗族自治州台江县老屯乡	●
654	长滩村	黔东南苗族侗族自治州台江县老屯乡	●
655	交包村	黔东南苗族侗族自治州台江县南宫镇	●
656	交密村	黔东南苗族侗族自治州台江县南宫镇	●
657	交下村	黔东南苗族侗族自治州台江县南宫镇	●
658	交宫村	黔东南苗族侗族自治州台江县南宫镇	●
659	展忙村	黔东南苗族侗族自治州台江县南宫镇	●
660	石灰河村	黔东南苗族侗族自治州台江县南宫镇	●
661	大塘村	黔东南苗族侗族自治州台江县排羊乡	●
662	九摆村	黔东南苗族侗族自治州台江县排羊乡	●
663	上南刀村	黔东南苗族侗族自治州台江县排羊乡	●
664	下南刀村	黔东南苗族侗族自治州台江县排羊乡	●
665	八梗村	黔东南苗族侗族自治州台江县施洞镇	●
666	黄泡村	黔东南苗族侗族自治州台江县施洞镇	●
667	旧州村	黔东南苗族侗族自治州台江县施洞镇	●
668	小河村	黔东南苗族侗族自治州台江县施洞镇	●
669	红阳村	黔东南苗族侗族自治州台江县台拱街道	●
670	板凳村	黔东南苗族侗族自治州台江县台拱街道	●
671	登鲁村	黔东南苗族侗族自治州台江县台拱街道	●
672	交片村	黔东南苗族侗族自治州台江县台拱街道	●
673	南冬村	黔东南苗族侗族自治州台江县台拱街道	●
674	南省村	黔东南苗族侗族自治州台江县台拱街道	●
675	排朗村	黔东南苗族侗族自治州台江县台拱街道	●
676	桃香村	黔东南苗族侗族自治州台江县台拱街道	●
677	展福村	黔东南苗族侗族自治州台江县台拱街道	●
678	展下村	黔东南苗族侗族自治州台江县台拱街道	●

序号	名　称	地　点	文保级别
679	德卷村	黔东南苗族侗族自治州台江县台盘乡	●
680	空寨村	黔东南苗族侗族自治州台江县台盘乡	●
681	南瓦村	黔东南苗族侗族自治州台江县台盘乡	●
682	南尧村	黔东南苗族侗族自治州台江县台盘乡	●
683	水寨村	黔东南苗族侗族自治州台江县台盘乡	●
684	抱塘村	黔东南苗族侗族自治州天柱县坌处镇	●
685	三门塘村	黔东南苗族侗族自治州天柱县坌处镇	●
686	甘溪寨	黔东南苗族侗族自治州天柱县渡马镇共和村	●
687	地良村	黔东南苗族侗族自治州天柱县高酿镇	●
688	邦寨	黔东南苗族侗族自治州天柱县高酿镇邦寨村	●
689	木杉村大寨	黔东南苗族侗族自治州天柱县高酿镇	●
690	坐寨村	黔东南苗族侗族自治州天柱县高酿镇	●
691	和当寨	黔东南苗族侗族自治州天柱县蓝田镇碧雅村	●
692	元田村	黔东南苗族侗族自治州天柱县远口镇	●
693	报京村	黔东南苗族侗族自治州镇远县报京乡	●
694	爱和村	黔东南苗族侗族自治州镇远县金堡镇	●
695	绕河村	黔南布依族苗族自治州都匀市匀东镇洛邦社区	●
696	新场村	黔南布依族苗族自治州都匀市匀东镇王司社区	●
697	城厢镇	黔南布依族苗族自治州福泉市	●
698	音寨村	黔南布依族苗族自治州贵定县盘江镇	●
699	者吕组	黔南布依族苗族自治州荔波县甲良镇丙花村	●
700	金对组	黔南布依族苗族自治州荔波县甲良镇甲良村	●
701	懂蒙村	黔南布依族苗族自治州荔波县瑶山瑶族乡	●●
702	拉片村一、二组	黔南布依族苗族自治州荔波县瑶山瑶族乡	●
703	太吉村	黔南布依族苗族自治州荔波县黎明关水族乡	●
704	尧古村	黔南布依族苗族自治州荔波县黎明关水族乡	●
705	水甫村	黔南布依族苗族自治州荔波县玉屏街道	●
706	交懂组	黔南布依族苗族自治州平塘县卡蒲毛南族乡场河村	●
707	吉古大寨、小米牙寨	黔南布依族苗族自治州平塘县金盆街道吉古村	●
708	甲乙寨	黔南布依族苗族自治州平塘县金盆街道苗二河村	●
709	乐康村	黔南布依族苗族自治州平塘县平舟镇	●
710	打鸟组	黔南布依族苗族自治州平塘县塘边镇新建村	●
711	落辉大寨	黔南布依族苗族自治州平塘县塘边镇新街村	●
712	摆仗组	黔南布依族苗族自治州平塘县大塘镇新营村	●
713	掌布村	黔南布依族苗族自治州平塘县掌布镇	●
714	甲照大寨	黔南布依族苗族自治州三都水族自治县大河镇甲照村	●
715	蕊抹村	黔南布依族苗族自治州三都水族自治县大河镇	●
716	敖寨大寨	黔南布依族苗族自治州三都水族自治县大河镇敖寨村	●
717	轿山大寨	黔南布依族苗族自治州三都水族自治县大河镇轿山村	●
718	者然大寨	黔南布依族苗族自治州三都水族自治县大河镇五星村	●
719	坝辉村	黔南布依族苗族自治州三都水族自治县都江镇	●
720	里捞寨	黔南布依族苗族自治州三都水族自治县都江镇坝辉村	●
721	摆鸟村	黔南布依族苗族自治州三都水族自治县都江镇	●
722	水坳寨	黔南布依族苗族自治州三都水族自治县都江镇摆鸟村	●
723	羊告组	黔南布依族苗族自治州三都水族自治县都江镇达荣村	●
724	盖赖村	黔南布依族苗族自治州三都水族自治县都江镇	●
725	控抗村	黔南布依族苗族自治州三都水族自治县都江镇	●
726	来术村	黔南布依族苗族自治州三都水族自治县都江镇	●
727	排抱村	黔南布依族苗族自治州三都水族自治县都江镇	●
728	排怪村	黔南布依族苗族自治州三都水族自治县都江镇	●
729	排外村	黔南布依族苗族自治州三都水族自治县都江镇	●
730	小脑村	黔南布依族苗族自治州三都水族自治县都江镇	●
731	党虾组	黔南布依族苗族自治州三都水族自治县都江镇小昔村	●
732	火烧组	黔南布依族苗族自治州三都水族自治县都江镇小昔村	●

序号	名称	地点	文保级别
733	怎雷村	黔南布依族苗族自治州三都水族自治县都江镇	●●●
734	达洛寨	黔南布依族苗族自治州三都水族自治县都江镇达荣村	●
735	风柳寨	黔南布依族苗族自治州三都水族自治县都江镇大坝村	●
736	西音寨	黔南布依族苗族自治州三都水族自治县都江镇高坪村	●
737	高尧村	黔南布依族苗族自治州三都水族自治县都江镇	●
738	甲雄村	黔南布依族苗族自治州三都水族自治县都江镇	●
739	交德村	黔南布依族苗族自治州三都水族自治县都江镇	●
740	排引寨	黔南布依族苗族自治州三都水族自治县都江镇孔荣村	●
741	万响寨	黔南布依族苗族自治州三都水族自治县都江镇岩捞村	●
742	大中寨	黔南布依族苗族自治州三都水族自治县都江镇羊瓮村	●
743	石板大寨	黔南布依族苗族自治州三都水族自治县九阡镇石板村	●
744	的刁大寨	黔南布依族苗族自治州三都水族自治县普安镇合心村	●
745	鸡照大寨	黔南布依族苗族自治州三都水族自治县普安镇鸡照村	●
746	排月寨	黔南布依族苗族自治州三都水族自治县普安镇望月村	●
747	野记村	黔南布依族苗族自治州三都水族自治县普安镇	●
748	总奖大寨	黔南布依族苗族自治州三都水族自治县普安镇总奖村	●
749	高寨村大寨	黔南布依族苗族自治州三都水族自治县三合街道	●
750	姑鲁寨	黔南布依族苗族自治州三都水族自治县三合街道姑挂村	●
751	姑八寨	黔南布依族苗族自治州三都水族自治县三合街道行偿村	●
752	王家寨	黔南布依族苗族自治州三都水族自治县三合街道龙台村	●
753	巴卯寨	黔南布依族苗族自治州三都水族自治县三合街道牛场村	●
754	排烧村	黔南布依族苗族自治州三都水族自治县三合街道	●
755	排招寨	黔南布依族苗族自治州三都水族自治县三合街道排招村	●
756	下排正寨	黔南布依族苗族自治州三都水族自治县三合街道下排正村	●
757	板良村	黔南布依族苗族自治州三都水族自治县中和镇	●
758	灯光村	黔南布依族苗族自治州三都水族自治县中和镇	●
759	科寨村	黔南布依族苗族自治州三都水族自治县中和镇	●
760	拉旦村	黔南布依族苗族自治州三都水族自治县中和镇	●
761	鲁寨组	黔南布依族苗族自治州三都水族自治县中和镇拉佑村	●
762	塘赖村二组、三组、四组	黔南布依族苗族自治州三都水族自治县中和镇	●
763	下岳村	黔南布依族苗族自治州三都水族自治县中和镇	●
764	和气寨	黔南布依族苗族自治州三都水族自治县周覃镇和勇村	●

注：

● 中国传统村落

● 中国历史文化名村（镇）

● 贵州省历史文化名村（镇）

● 全国重点文物保护单位(此表只罗列建筑群类)